21 世纪法语专业教材系列

中级法语听力教程(上)

杨明丽　陈燕萍　编著

北京大学出版社
PEKING UNIVERSITY PRESS

图书在版编目(CIP)数据

中级法语听力教程(上)/杨明丽,陈燕萍编著. —北京:北京大学出版社,2005.9
(21 世纪法语专业教材系列)

ISBN 978-7-301-06771-0

Ⅰ.中…　Ⅱ.①杨…②陈…　Ⅲ.法语-听说教学-高等学校-教材　Ⅳ.H329.9

中国版本图书馆 CIP 数据核字(2005)第 022727 号

书　　名:	中级法语听力教程(上)
著作责任者:	杨明丽　陈燕萍　编著
责 任 编 辑:	沈浦娜　spn@pup.pku.edu.cn
标 准 书 号:	ISBN 978-7-301-06771-0/H・1424
出 版 发 行:	北京大学出版社
地　　　址:	北京市海淀区成府路 205 号　100871
网　　　址:	http://www.pup.cn
电 子 邮 箱:	zpup@pup.pku.edu.cn
电　　　话:	邮购部 62752015　发行部 62750672　编辑部 62753334　出版部 62754962
印 刷 者:	北京虎彩文化传播有限公司
经 销 者:	新华书店
	787 毫米×1092 毫米　16 开本　7.25 印张　260 千字
	2005 年 9 月第 1 版　2021 年 8 月第 6 次印刷
定　　　价:	25.00 元(附赠 2 张 CD)

未经许可,不得以任何方式复制或抄袭本书之部分或全部内容。
版权所有,侵权必究　举报电话:010—62752024
　　　　　　　　　　电子邮箱:fd@pup.pku.edu.cn

前　言

　　随着我国对外开放的不断深入,学习外语的人日益增多。法语学习也伴随着中法文化年的成功举办而进一步升温。越来越多的人希望掌握好法语,以便走出国门,进一步了解法国,了解世界,或是参与到对外经济与文化等领域的各项交流活动中。然而,由于法语与汉语之间的巨大差别,不少人在学习过程中,深切体会到法语听力始终是一个难点,而目前国内法语听力方面的材料又很少。针对这种情况,为了帮助大家提高听的能力,同时也为了使大家能更自如地应对法语四级及 TEF 等测试中的听力试题,我们特为具有一年以上法语基础的人编写了这套《中级法语听力教程》。全书分上下两册,每册十五单元。上册主要以日常生活内容为主,下册则涵盖了法国社会,政治,经济,文化,科技诸多领域的内容。本书所采用的这些材料是我们根据多年开设法语视听课的经验,结合在国外工作、学习的体会精心选编的。选编的材料内容不仅与日常生活贴近,也是我们收听法语广播、收看法语电视所常涉及的题材。配合所选材料而编写的练习题则是根据法语四级考试及 TEF 测试的特点编写的,这些习题旨在帮助大家掌握法语四级考试及 TEF 测试的题型、特点等。

　　该教材配有习题答案,既可供学校听力教学课使用,也可供自学者自学。

　　因时间仓促,水平有限,书中难免有谬误之处,恳请使用者提出批评与指正。

　　北京大学法国专家 Tristan Mauffrey 对录音文字部分进行了审读。由法国专家 Emilie Frenkiel 女士和 Denoît Melendez 先生录音。责任编辑沈浦娜女士为本书的编辑出版付出了辛勤劳动。对他们的支持,谨在此表示感谢。

编　者

2005 年 6 月

Table des matieres

Unité 1   Messages et annonces 1
Unité 2   Partir en vacances 7
Unité 3   Voyage en train 12
Unité 4   Voyage en avion 17
Unité 5   Consommation et achats 22
Unité 6   À la télé 27
Unité 7   Relation entre deux générations 32
Unité 8   Les faits divers 37
Unité 9   La musique 43
Unité 10 La publicité 48
Unité 11 Le sport 53
Unité 12 Accidents et catastrophes 59
Unité 13 Les fêtes 65
Unité 14 La météo et le climat 70
Unité 15 Révision 75

Annexe 1   Transcription enregistrements 81
Annexe 2   Corrigés 110

Unité 1

Messages et annonces

Vocabulaire

encombrement	*n. m.*	堵塞，拥挤
ultérieurement	*adv.*	以后
véhicule	*n. m.*	车辆
débattre	*v. t.*	讨论，争论
affectueux, se	*adj.*	亲热的，深情的
essence	*n. f.*	汽油
porte-clés	*n. m. inv.*	钥匙圈，钥匙串
stand	*n. m.*	展台，摊位
dorénavant	*adv.*	今后，此后

I. Exercices de compréhension.

Document I

Écoutez une (ou deux) fois ces messages téléphoniques, puis choisissez la bonne réponse:

Message 1

Question 1

Après avoir entendu ce message, qu'est-ce que vous devez faire?
A. Raccrocher et rappeler plus tard.
B. Attendre.
C. Raccrocher et attendre.

Message 2

Question 2

Pourquoi on vous appelle à cette heure-ci?
A. Pour vous faire partir.
B. Pour vous réveiller.
C. Pour vous demander de prendre le petit-déjeuner.

Message 3

Question 3

《Cet abonné ne désire pas communiquer le nouveau》 veut dire:
A. Il ne veut pas donner le nouveau numéro de téléphone aux autres.
B. Il ne veut pas parler au téléphone avec un nouveau interlocuteur.
C. Il ne veut pas donner son numéro de téléphone à un nouveau interlocuteur.

Message 4

Question 4

Pourquoi on vous demande de renouveler votre appel en composant correctement le numéro? Parce que _____.
A. vous avez fait le zéro devant l'indicatif de pays
B. vous avez oublié de faire le zéro après l'indicatif de pays
C. vous avez fait le zéro après l'indicatif de pays

Unité 1　Messages et annonces

Document II

Écoutez une (ou deux) fois ces messages à la radio, puis choisissez la bonne réponse:

Message 1

Question 5

Le numéro de téléphone de Pierre, c'est _____.

A. 01 35 48 88 11

B. 01 25 84 08 12

C. 01 35 48 08 12

Message 2

Question 6

Qu'est-ce que Patricia recherche? Et pourquoi?

A. Elle recherche des jouets en bon état et des bandes dessinées. Parce qu'elle va travailler un an dans une école au Cameroun.

B. Elle recherche des jeux en bon état et des bandes dessinées. Parce qu'elle va travailler un an dans une école au Cambodge.

C. Elle recherche des jeux en bon état et des bandes dessinées. Parce qu'elle va travailer un mois dans une école à Quimper.

Message 3

Question 7

Laquelle des informations correspond-elle au message?

A. C'est une fiat 131 en bon état, elle a roulé 76500 kilomètres, on veut la vendre à 5600 euros.

B. C'est une fiat 331 en bon état, elle a roulé 75000 kilomètres, on veut la vendre à 5500 euros.

C. C'est une fiat 231 en bon état, elle a roulé 76000 kilomètres, on veut la vendre à 5300 euros.

Message 4

Question 8

On recherche une personne pour garder une petite fille _____.

A. de 3 ans

B. de 5 ans

C. de 5 ans et demi

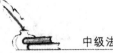

Question 9

Quelles sont les conditions préalables pour celle qui va garder la fille?

A. Elle aime les enfants. Et de préférence elle a un jardin chez elle, mais pas de gros animaux.

B. Elle doit être affectueuse et aimer jouer.

C. Elle doit être affectueuse, aimer jouer et avoir un jardin chez elle.

Question 10

Le début de garde se situe en principe _____.

A. fin mars, début avril

B. fin avril, début mai

C. fin mai, début juin

Message 5

Question 11

Ce message s'adresse à une personne _____.

A. qui a une voiture et qui disposerait d'une place dans sa voiture pour emmener Kamel à Paris le 15 décembre

B. qui a une voiture et qui disposerait d'une place dans sa voiture pour emmener Kamel à Nantes le 15 décembre

C. qui va prendre le train le 15 décembre et qui veut avoir une place dans le même wagon que Kamel

Question 12

Quel est le numéro de téléphone Kamel?

A. 02 34 14 82 74.

B. 02 34 14 28 64.

C. 02 34 14 18 56.

Document III

Écoutez une (ou deux) fois ces annonces, puis choisissez la bonne réponse:

Annonce 1

Question 13

Il s'agit d'un enfant qui _____.

A. s'amuse au bureau des renseignements

B. a perdu son papa

C. ne trouve plus son papa

Unité 1　Messages et annonces

Annonce 2

Question 14

Cette annonce est diffusée _____.

A. au marché

B. dans un musée

C. à la radio

Question 15

Le propriétaire doit récupérer son porte-clés _____.

A. au bureau des renseignements

B. au bureau des objets perdus

C. au bureau des objets trouvés

Document IV

Écoutez une (ou deux) fois cette annonce, puis indiquez vrai ou faux:

Question 16

Il y aura des films au cours de ces deux journées culturelles.

☐ vrai　　☐ faux

Question 17

On pourrait y suivre des cours de musique ou de danse.

☐ vrai　　☐ faux

Document V

Écoutez deux fois ces annonces, puis indiquez vrai ou faux:

Annonce 1

Question 18

《Clé internationale》est une maison d'édition.

☐ vrai　　☐ faux

Question 19

La nouvelle méthode de français《Initial》1 et 2 convient tant aux adolescents qu'aux adultes.

☐ vrai　　☐ faux

Question 20

Le stand se situe dans l'allée J au numéro 7.

☐ vrai ☐ faux

Annonce 2

Question 21

Cette annonce est diffusée dans une exposition.

☐ vrai ☐ faux

Question 22

A part la nouvelle version italienne, la revue Polyglotte a déjà eu ses versions allemande, espagnole et anglaise.

☐ vrai ☐ faux

Question 23

Polyglote est une revue hebdomadaire.

☐ vrai ☐ faux

Question 24

En vous abonnant la revue, vous auriez la chance de gagner un week-end à Florence pour une personne.

☐ vrai ☐ faux

II. Réécoutez les documents ci-dessus et essayez de les mieux comprendre.

III. Faites un résumé sur le document V, annonce 2.

Unité 2

Partir en vacances

croisière	*n. f.*	豪华邮轮
itinéraire	*n. m.*	路线，旅程
inconvénient	*n. m.*	不便，不利
brochure	*n. f.*	小册子
constater	*v. t.*	指出，观察到
humoriste	*n.*	幽默家，幽默作家
officieux, se	*adj.*	半官方的，非正式的
ludique	*adj.*	游戏的
concentration	*n. f.*	集中，聚集
destructeur, trice	*adj.*	破坏性的，毁灭性的

Noms propres

Ajaccio	〔法〕科西嘉（省）阿亚克修
la Crète	〔希腊〕克里特岛
la Sicile	〔意大利〕西西里岛

I. Exercices de compréhension.

Document I

Écoutez deux fois cette conversation, puis choisissez la bonne réponse：

Question 1

C'est une conversation entre _____.

A. un couple

B. le père et la fille

C. la mère et le fils

Question 2

Selon la phrase《nous ne retournerons pas toujours en Suisse》, vous pensez que _____.

A. l'homme veut toujours aller en Suisse

B. ça lui est égal d'aller en Suisse

C. l'homme ne veut plus aller en Suisse

Question 3

Ils sont combien dans la famille?

A. 4.

B. 5.

C. 6.

Question 4

Qu'est-ce qu'ils vont choisir comme moyen de transport pour aller en Corse?

A. Bateau.

B. Avion.

C. Voiture.

Unité 2 Partir en vacances

Question 5
Quelles sont les possibilités pour le logement?
A. À l'hôtel, chez l'habitant, faire du camping, louer une maison.
B. À l'hôtel, chez l'habitant, louer une maison.
C. Chez l'habitant, louer une maison, faire du camping.

Question 6
Pour quelle raison ils vont loger chez l'habitant en Corse?
A. Pour faire des promenades à vélo, de la natation, et de la planche à voile.
B. Pour payer moins cher.
C. Pour faciliter la conversation avec les gens et mieux connaître la région.

Document II
Écoutez deux fois cette conversation, puis choisissez la bonne réponse:

Question 7
C'est une conversation qui se passe _____.
A. à l'agence du tourisme
B. à l'hôtel
C. au quai

Question 8
D'où et quand part la croisière qui fait la Grèce, la Crète et la Sicile?
A. Elle part de Tours en juillet.
B. Elle part de Toulon la mi-juillet.
C. Elle part de Toulouse la mi-juillet.

Question 9
Quelles sont les croisières qui font le voyage pendant une semaine?
A. Celle qui fait la Grèce et celle qui fait le Tour d'Espagne.
B. Celle qui fait le Tour d'Espagne et celle qui part de Venise.
C. Celle qui fait la Grèce et celle qui part de Venise.

Question 10
《Vous avez droit chaque soir à des spectacles de danse, à des concerts...》 veut dire:
A. Chaque soir, vous allez admirer des spectacles de danse, des concerts...
B. Chaque soir, vous avez le droit d'organiser des spectacles de danse, des concerts...

C. Chaque soir, on vous demande de présenter des spectacles de danse et des concerts...

Question 11
Pourquoi la dame ne s'intéresse pas à la croisière qui fait le tour d'Espagne? Parce que _____.
   A. elle a déjà visité l'Espagne
   B. le voyage sur cette croisière coûte cher
   C. l'Espagne ne l'intéresse pas

Question 12
Quel est l'avantage de la croisière qui part de Venise?
   A. On peut visiter Venise.
   B. On a la facilité de choisir le jour du départ.
   C. Elle coûte moins cher.

Question 13
Quel est l'inconvénient de la croisière qui part de Venise?
   A. On doit aller à Venise soi-même.
   B. On doit payer le voyage à Venise.
   C. Elle coûte plus cher.

Document III
Écoutez deux fois ce texte, puis indiquez vrai ou faux:

Question 14
Selon Jean Charles, les Français parlent de leurs vacances pendant toute l'année.
   ☐ vrai   ☐ faux

Question 15
La météo et les vacances sont deux sujets de conversation préférée des Français.
   ☐ vrai   ☐ faux

Question 16
Le nombre des jours de congé officieux n'augmente pas.
   ☐ vrai   ☐ faux

Unité 2 Partir en vacances

Question 17
Selon les statistiques de l'I. N. S. E. E., 50% des Français sont partis entre août et septembre.
☐ vrai   ☐ faux

Question 18
20% des Français sont partis avec leur femme et leurs enfants.
☐ vrai   ☐ faux

Question 19
La mer est leur 1er choix pour passer les vacances.
☐ vrai   ☐ faux

Question 20
Après la mer, ils préfèrent passer les vacances à la montagne, puis à la campagne.
☐ vrai   ☐ faux

Question 21
《Cette concentration de millions de personnes sur moins de 3% de l'hexagone ne va pas d'ailleurs sans poser de graves problèmes》 veut dire:
Elle pose des problèmes, mais pas très graves.
☐ vrai   ☐ faux

II. Réécoutez les documents ci-dessus, et essayez de les mieux comprendre.

III. Faites un résumé sur le document II.

Unité 3

Voyage en train

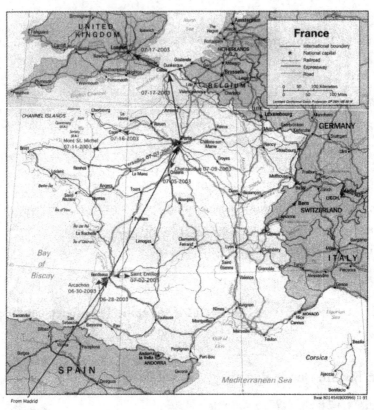

 **Vocabulaire**

correspondance	n. f.	（交通工具间的）换乘, 衔接
dramatique	adj.	悲惨的, 严重的
théoriquement	adv.	在理论上
inadmissible	adj.	不能接受的, 不能允许的
composter	v. t.	打卡, 剪票
forfait	n. m.	全套服务价格（通票）
reporter	v. t	推迟, 转向
titre	n. m	凭证, 称号, 标题

mention	*n. f*	批注,按语
le cas échéant		万一,有必要的话

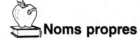

Porte de Clignancourt	(此处指)巴黎一地铁站名

I. **Exercices de compréhension.**

Document I

Écoutez une (ou deux) fois ces annonces, puis choisissez la bonne réponse:

Annonce 1

Question 1

Cette annonce est diffusée _____.
A. dans une gare à Paris
B. dans une gare à Lyon
C. dans une gare à Lille

Question 2

Après avoir entendu cette annonce, qui doit aller dans la cour de la gare?
A. Les voyageurs qui vont à la gare de Lyon.
B. Les voyageurs qui vont à la gare de l'Ouest et à la gare du Nord.
C. Les voyageurs qui vont à la gare de l'Est et à la gare du Nord.

Question 3

Qu'est-ce qui les attend dans la cour de la gare?
A. L'autocar.
B. L'autobus.
C. Le train.

Annonce 2

Question 4

Qu'est-ce qui est arrivé au TGV?

A. Un incident.

B. Un accident.

C. Une coincidence.

Question 5

Au moment où l'annonce est diffusée, le TGV _____.

A. est déjà à la gare

B. va partir

C. n'est pas encore arrivé à la gare

Question 6

Après avoir entendu cette annonce, qu'est-ce que les voyageurs concernés doivent-ils faire?

A. Attendre encore un moment sur le quai.

B. Descendre du train.

C. Monter dans le train.

Document II

Écoutez deux fois cette conversation, puis choisissez la bonne réponse:

Question 7

Où est la dame qui demande des renseignements?

A. À la gare.

B. À bord du train.

C. Au bureau des renseignements.

Question 8

Le train a eu combien de minutes de retard?

A. 7.

B. 6.

C. 16.

Unité 3 Voyage en train

Question 9
Pour quelle raison la dame doit-elle se rendre à la gare de l'Est?
A. Pour prendre un autre train.
B. Pour chercher des amis.
C. Pour dire au revoir à des amis.

Question 10
Quel est le terminus du train qui part à 16h28?
A. Paris.
B. Strabourg.
C. Nancy.

Document III
Écoutez deux fois cette conversation, puis choisissez la bonne réponse:

Question 11
Quelle heure est-il quand la dame achète son billet de train?
A. 9h57.
B. 10h03.
C. 9h53.

Question 12
Ce jour-là, qu'est-ce qui se passe dans les chemins de fer?
A. Un incident.
B. Une manifestation.
C. Une grève.

Question 13
La dame est une Française?
A. Oui.
B. Non.
C. On ne sait pas.

Question 14
Si le train ne part pas, on pourra rembourser votre billet?
A. On pourra vous rembourser seulement un aller simple.
B. On pourra vous rembourser à condition que votre billet ne soit pas composté.
C. On pourra vous rembourser lorsque votre billet est composté.

Document IV

Écoutez une (ou deux) fois ce texte, puis indiquez vrai ou faux:

Question 15

Tous les enfants ne bénéficient pas de JVS.
☐ vrai   ☐ faux

Question 16

Ce service est assuré seulement en 2e classe dans le train.
☐ vrai   ☐ faux

Question 17

On peut bénéficier de ce service pendant toute l'année.
☐ vrai   ☐ faux

Document V

Écoutez deux fois ce texte, puis indiquez vrai ou faux:

Question 18

La surréservation est assurée dans tous les trains.
☐ vrai   ☐ faux

Question 19

Elle vous garantit une place assise en toute circonstance.
☐ vrai   ☐ faux

Question 20

Avec votre titre en surréservation, vous avez le droit de monter dans le train.
☐ vrai   ☐ faux

II. Réécoutez les documents ci-dessus et essayez de les mieux comprendre.

III. Faites un résumé sur le document III.

Unité 4

Voyage en avion

Vocabulaire

commandant	n. m	（此处指）机长
équipage	n. m	机组
attacher	v. t	栓，系，扣
ceinture	n. f	（此处指）安全带
extinction	n. f	熄灭
par égard pour	loc. prép	从……着想
chute	n. f	跌落，脱落
éventuel, le	adj	可能的
escale	n. f.	（空）中途着陆
atterrir	v. i	着陆，降落
franchise	n. f	免费
excédent	n. m	超额，过量

I. Exercices de compréhension.

Document I
Écoutez deux fois ces messages, puis choisissez la bonne réponse :

Message 1
Question 1

Ce message est diffusée _____.

A. à bord d'un Airbus A-320 d'Air France et avant le décollage(起飞)

B. à bord d'un Airbus A-300 d'Air France et pendant le vol

C. à bord d'un Airbus A-320 d'Air France et avant l'atterrissage(降落)

Question 2

Ce vol est à destination de _____.

A. Venise

B. Vienne

C. Vientiane

Message 2
Question 3

Laquelle des informations correspond-elle à ce message?

A. Les passagers doivent attacher leur ceinture seulement lors du décollage et de l'atterrissage.

B. Ils doivent conserver leur ceinture attachée jusqu'à l'extinction du signal lumineux.

C. Ils sont obligés de maintenir leur ceinture attachée pendant tout le vol.

Question 4

On vous demande de _____.

A. ne pas fumer dans l'avion

B. fumer la pipe ou le cigare, si vous le voulez

C. fumer en zones fumeurs, si vous le voulez

Unité 4　Voyage en avion

Message 3

Question 5

Laquelle des informations correspond-elle à ce message?

A. Il est interdit de fumer dans les toilettes et lors de vos déplacements en cabine.

B. Il est interdit de fumer lors de vos déplacements en cabine.

C. On peut fumer dans les toilettes.

Question 6

《Prendre garde aux chutes éventuelles d'objets à l'ouverture des coffres à bagages》 veut dire:

A. Prendre garde de ne pas ouvrir des coffres à bagages pendant le vol.

B. Mettre en garde l'ouverture des coffres à bagages.

C. Faire attention aux chutes éventuelles d'objets lors de l'ouverture des coffres à bagages.

Document II

Écoutez une (ou deux) fois ce message, puis choisissez la bonne réponse:

Question 7

Quelle heure est-il à Shanghai quand le message est diffusée?

A. 16h13.

B. 13h16.

C. 15h13.

Question 8

Quelle est la température à Shanghai?

A. 26°.

B. 35°.

C. 36°.

Question 9

Qu'est-ce que les passagers doivent faire quand ils ont entendu ce message?

A. Rester assis.

B. Sortir des bagages des coffres.

C. Descendre de l'avion.

Document III
Écoutez deux fois cette conversation, puis choisissez la bonne réponse:

Question 10
Quand la cliente est-elle allée réserver son billet d'avion?
A. Le 13 avril.
B. Le 14 avril.
C. Le 15 avril.

Question 11
Où la cliente veut-elle aller?
A. A Bonn.
B. A Francfort.
C. A Florence.

Question 12
Le vol qui part à 7h40 est _____.
A. un Boeing 737
B. un Boeing 747
C. un Boeing 757

Question 13
Quel vol fait escale à Bonn?
A. Celui qui part à 11h35.
B. Celui qui part à 11h25.
C. Celui qui part à 10h25.

Question 14
Est-ce que la cliente voyage souvent en avion?
A. Non.
B. Oui.
C. On ne sait pas.

Question 15
Selon cet employé, quand peut-on vous faire payer cher un supplément de bagages?
A. Quand vos bagages ont 20 kilos.
B. Quand vous avez 3 ou 4 kilos d'excedents.
C. Quand l'avion est trés chargé.

Unité 4 Voyage en avion

Document IV
Écoutez une fois cette petite interview, puis indiquez vrai ou faux:

Question 16
Personne E:
Il aime prendre l'avion surtout quand il fait des voyages en Asie.
☐ vrai   ☐ faux

Question 17
Personne D:
En raison de sécurité, il ne prend que l'avion lors de ses déplacements en province.
☐ vrai   ☐ faux

Question 18
Personne C:
La beauté des hôtesses rend son voyage agréable.
☐ vrai   ☐ faux

Question 19
Personne B:
Il aime beaucoup voyager en avion.
☐ vrai   ☐ faux

Question 20
Personne A:
Le voyager en avion coûte cher pour lui.
☐ vrai   ☐ faux

II. Réécoutez les documents ci-dessus, et essayez de les mieux comprendre.

III. Faites un résumé sur le document III.

Unité 5

Consommation et achats

abîmer	v. t.	损坏
défaut	n. m.	缺陷,缺点
sensibilisation	n. f.	敏感,增感
relancer	v. t.	再发动,再推动
étalage	n. m.	货架,橱窗
légal, e	adj.	合法的,法定的
hôtelier, ère	n.	旅馆老板
amende	n. f.	罚款,罚金
porter plainte		控告,起诉
fraude	n. f.	欺诈,舞弊
afficher	v. t.	张贴

Unité 5 Consommation et achats

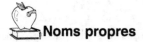

Monoprix   法国一超市名称

I. **Exercices de compréhension.**

Document I

Écoutez deux fois ce passage, puis choisissez la bonne réponse:

Question 1

Quand peut-on trouver des articles offerts en réduction spéciale chez Monoprix?
A. Dans trente minutes.
B. Dès maintenant.
C. Il y a trente minutes.

Question 2

La réduction spéciale dure combien de temps?
A. Toute la journée.
B. Une heure.
C. Une demi-heure.

Question 3

A quel prix offre-t-on des vestes en laine en réduction?
A. 24,98 euros.
B. 23,99 euros.
C. 22,98 euros.

Question 4

Ce sont les vestes en laine pour _____.
A. les jeunes hommes et les jeunes filles
B. les jeunes filles
C. les jeunes hommes

Question 5

Combien d'euros peut-on économiser en achetant des chaussures de basket en réduction?

A. 5 euros.
B. 6 euros.
C. 6,90 euros.

Question 6

Combien coûtent les chaussures de basket en réduction?

A. 15,99 euros.
B. 16,90 euros.
C. 16,80 euros.

Question 7

A quel prix on vend normalement les tartes aux pommes?

A. 3,98 euros.
B. 4,68 euros.
C. 4,98 euros.

Document II

Écoutez deux fois cette conversation, puis choisissez la bonne réponse:

Question 8

Qu'est-ce que ce client cherche-t-il au marché?

A. Il cherche des verres d'occasion.
B. Il cherche des verres neufs.
C. Il cherche de beaux verres.

Question 9

Pourquoi cherche-t-il des verres au marché?

A. Parce qu'il aime les verres.
B. Pour offrir à une amie qui fait la collection des verres.
C. Pour offrir à un ami qui fait la collection des verres.

Question 10

《C'est une occasion》 veut dire que _____.

A. c'est une circonstance
B. c'est une chance
C. c'est bon marché

Unité 5 Consommation et achats

Question 11
Enfin, combien de verres ce client a-t-il achetés?
A. un.
B. deux.
C. trois.

Question 12
Et combien a-t-il payé en total pour ceux qu'il a achetés?
A. 11,50 euros.
B. 1.2 euros.
C. 12,50 euros.

Question 13
Ce client collectionne-t-il les verres?
A. Oui.
B. Non.
C. On ne sait pas.

Document III
Écoutez deux fois ce passage, puis choisissez la bonne réponse:

Question 14
Depuis quelques années, de combien la consommation française a-t-elle baissé?
A. Treize pour cent.
B. Quinze pour cent.
C. Seize pour cent.

Question 15
Les professionnels ont décidé de faire une campagne dans le but de _____.
A. relancer la consommation des légumes
B. relancer la consommation des fruits
C. relancer la consommation des fruits de mer

Question 16
Cette opération concerne _____.
A. seulement la région parisienne
B. seulement les provinces
C. toute la France

Document IV

Écoutez deux fois ce passage, puis indiquez vrai ou faux:

Question 17

《Le téléphone sonne》est une émission qui défend le droit des consommateurs.
☐ vrai   ☐ faux

Question 18

Selon la loi de 1976, un hôtelier n'a pas le droit d'obliger les clients à prendre le petit déjeuner au restaurant de l'hôtel.
☐ vrai   ☐ faux

Question 19

S'il le fait, on peut lui demander de payer une amende de 10000 francs, égale à peu près à 1525 euros.
☐ vrai   ☐ faux

Question 20

Les tarifs des chambres ne sont affichés que dans les réceptions des hôtels.
☐ vrai   ☐ faux

II. Réécoutez les documents ci-dessus et essayez de les mieux comprendre.

III. Faites un résumé sur le document II.

Unité 6

À la télé

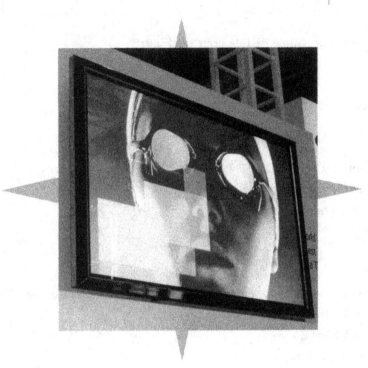

Vocabulaire

voleur, se	n.	小偷, 强盗
cirque	n. m.	马戏团, 杂技场
clown	n. m.	小丑, 丑角
acrobate	n.	杂技演员
secte	n. f.	宗派, 教派
sondage	n. m.	测试, 探测
esclave	n.	奴隶
détruire	v. t	破坏, 毁坏

I. **Exercices de compréhension.**

Document I
Écoutez une fois ce passage, puis choisissez la bonne réponse:

Question 1
Il s'agit d'un programme de télé pour quel jour?
A. Lundi.
B. Mardi.
C. Mercredi.

Question 2
Qu'est-ce qu'il y aura sur TF1 à 20h35?
A. un match de football.
B. un match de basketball.
C. un match de volleyball.

Question 3
Sur quelle chaîne et à quelle heure il y aura le film《Ali Baba et les 40 voleurs》?
A. Sur FR3 à 20h40.
B. Sur Arte à 20h45.
C. Sur France 2 à 20h50.

Question 4
Le spectacle de clowns et d'acrobates sur FR3 s'adresse _____.
A. aux enfants
B. aux enfants et aux amoureux
C. aux enfants et à ceux qui aiment le cirque

Question 5
《Le Monde de Léa》est _____.
A. le nom d' un film
B. le nom d'une émission hébdomadaire à la télé
C. le nom d'un téléfilm

Unité 6 À la télé

Question 6

《L'oiseau noir》 est un film qui vous fait _____.

A. peur

B. rire

C. pleurer

Question 7

Si vous vous intéressez à Margaret Thatcher, ne manquez pas l'émission _____.

A. sur Arte à 20h45

B. sur TF1 à 22h40

C. sur FR3 à 20h35

Document II

Écoutez deux fois ce passage, puis choisissez la bonne réponse:

Question 8

Combien de temps un Français passe-t-il devant la télévision au cours de sa vie?

A. 6 ans.

B. 9 ans.

C. 7 ans.

Question 9

Beaucoup de Français passent essentiellement leur temps libre à _____.

A. lire

B. écouter la musique

C. regarder la télé

Question 10

Combien de Français prennent parfois la télévision comme leur compagnie?

A. 93%.

B. 95%.

C. 83%.

Question 11

88% des Français pensent que _____.

A. la télévision est un moyen de distraction

B. la télévision est un moyen de connaître le monde

C. la télévision est un moyen de renforcer les liens familiaux

Question 12

Combien de Français ne se sentent pas à l'aise sans télévision?
A. 81%.
B. 66%.
C. 24%.

Question 13

Est-ce ques les adolescents entre 10-15 ans s'intéressent aux journaux télévisés?
A. Oui.
B. Non.
C. On ne sait pas.

Question 14

Pour quelle raison les films, les jeux et le sport sont aussi très regardés?
A. Parce qu'ils sont diffusés juste après l'actualité.
B. Parce qu'ils sont diffusés à 20h.
C. Parce qu'ils sont diffusés entre 20h et 23h.

Document III
Écoutez une (ou deux) fois ce passage, puis indiquez vrai ou faux:

Question 15

Personne 1:
Elle regarde la télé avec son mari.
☐ vrai   ☐ faux

Question 16

Personne 2:
Quand les enfants regardent la télé, il se couche.
☐ vrai   ☐ faux

Question 17

Personne 3:
Elle n'a pas le temps de regarder la télé.
☐ vrai   ☐ faux

Question 18

Personne 4:

Il considère la télé comme sa compagnie.

☐ vrai   ☐ faux

Question 19

Personne 5:

Elle regarde surtout les journaux télévisés et les feuilletons.

☐ vrai   ☐ faux

Question 20

Personne 6:

Il préfère lire et aller au cinéma.

☐ vrai   ☐ faux

Question 21

Personne 7:

La télécommande à la main, elle attend des émissions intéressantes qui sont diffusées très tard dans la soirée.

☐ vrai   ☐ faux

Question 22

Personne 8:

C'est pour ses enfants qu'il regarde la télé.

☐ vrai   ☐ faux

II. Réécoutez les documents ci-dessus et essayez de les mieux comprendre.

III. Faites un résumé sur le document II.

Unité 7

Relation entre deux générations

 **Vocabulaire**

s'arranger	*v. pr.*	处理，和解
évoquer	*v. t.*	回忆，提及
maltraitance	*n. f.*	虐待，折磨
infliger	*v. t.*	使遭受
déterminer	*v. t.*	确定
disputer	*v. t.*	（俗）责备，骂
se réfugier	*v. pr.*	逃亡，躲避
préméditer	*v. t.*	事先考虑，预谋

Unité 7 Relation entre deux générations

I. **Exercices de compréhension.**

Document I
Écoutez deux fois la conversation suivante, puis choisissez la bonne réponse:

Question 1
Avec qui Sophie vit-elle?
A. Toute seule.
B. Avec des copains.
C. Avec ses parents.

Question 2
Laquelle des constatations suivantes n'est pas vraie?
A. Sophie s'entend bien avec ses parents, elle n'a aucune difficulté avec eux.
B. Les parents de Sophie sont compréhensifs.
C. Sophie et ses parents sont en très bonnes relations, mais quelquefois ils se disputent.

Question 3
Les parents de Sophie aiment-ils le même genre de musique que leur fille?
A. Oui.
B. Non.
C. On ne sait pas.

Question 4
Quand Sophie rentre trop tard, ses parents _____.
A. ne disent rien
B. sont fatigués
C. sont mécontents

Question 5
Laquelle des constatations suivantes est-elle vraie?
A. Sophie n'aime pas le rock.
B. Ses parents achètent souvent des vêtements pour Sophie.
C. Sophie aime danser en discothèque.

Question 6

Laquelle des constatations suivantes n'est pas vraie?

A. Les parents de Sophie n'aiment pas les amis de leur fille.

B. Les parents de Sophie interdisent leur fille de passer la nuit chez ses amis, surtout sa mère.

C. Les parents de Sophie pensent que leur fille devrait passer moins de temps avec ses amis.

Question 7

Selon Sophie, quels sont les inconvénients de louer un studio?

A. C'est difficile d'en trouver un, on doit payer le loyer et manger au restaurant.

B. C'est loin de ses parents et il n'y a pas de télé.

C. C'est petit, ça lui coûte de l'argent, et puis on doit faire le ménage soi-même.

Question 8

Qui s'occupe du ménage chez Sophie?

A. Sophie.

B. Sa mère.

C. On ne sait pas.

Question 9

Selon Sophie, pourquoi elle n'habite pas ailleurs?

A. Pour profiter de ses parents.

B. Pour aider ses parents.

C. Pour se faire aider par ses parents et de rendre le même service à ses parents quand ils seront vieux.

Document II

Écoutez deux fois le passage suivant, puis choisissez la bonne réponse:

Question 10

Qui est-ce que Pierre a tué?

A. Ses parents.

B. Ses parents, son frère et sa sœur.

C. Ses parents et son frère.

Unité 7 Relation entre deux générations

Question 11

Le crime a eu lieu quand?

A. Mercredi 27 octobre.

B. Mardi 27 décembre.

C. Mercredi 17 octobre.

Question 12

Pourquoi l'adolescent a-t-il tué ses parents?

A. Parce que ses parents l'ont frappé une fois.

B. Parce que ses parents l'obligeaient à faire du ménage.

C. Parce que ses parents le maltraitaient.

Question 13

La veille du massacre, pourquoi sa mère l'a frappé?

A. Parce qu'il n'avait pas pas fait son lit.

B. Parce qu'il avait demandé 1 euro à sa mère pour acheter France Football.

C. Parce qu'il n'avait pas terminé ses devoirs.

Question 14

Avec quoi la mère frappait-elle souvent son fils?

A. Du bois.

B. Une cuillère en bois.

C. Une cuillère à café.

Question 15

Qui est-ce que l'adolescent a tué le premier?

A. Son père.

B. Sa mère.

C. Son frère.

Question 16

Pourquoi a-t-il tué son petit frère?

A. Parce qu'il le haïssait.

B. Parce qu'il avait décidé de tuer toute la famille.

C. Parce qu'il ne savait plus se contrôler.

Document III

Écoutez deux fois le passage suivant, puis indiquez vrai ou faux :

Question 17

Les parents de la personne A s'entendent bien avec leur enfant.
☐ vrai   ☐ faux

Question 18

Les parents de la personne A vont au cinéma quand leur enfant invite ses amis à la maison.
☐ vrai   ☐ faux

Question 19

La personne B vit avec ses parents.
☐ vrai   ☐ faux

Question 20

La personne C habite chez ses parents parce qu'il n'a pas assez d'argent pour habiter ailleurs et payer le loyer lui-même.
☐ vrai   ☐ faux

Question 21

La personne D a appris plus de choses avec ses amis qu'avec ses parents.
☐ vrai   ☐ faux

Question 22

La personne D compte partir vivre avec ses amies quand elle aura trouvé son premier boulot.
☐ vrai   ☐ faux

II. Réécoutez les documents ci-dessus et essayez de les mieux comprendre.

II. Faites un résumé sur le document I.

Unité 8

Les faits divers

Vocabulaire

hold-up	*n. m.*	持械抢劫
bijouterie	*n. f.*	首饰店
cravache	*n. f.*	马鞭
cavalier	*n. m.*	骑士
tremper	*v. t.*	浸湿
bombe	*n. f.*	炸弹
neutraliser	*v. t.*	使失去作用

artificier	*n. m.*	烟火制造者（兵士）
investir	*v. t.*	围困
infraction	*n. f.*	违反，犯法

I. **Exercices de compréhension.**

Document I

Écoutez deux fois le passage suivant, puis choisissez la bonne réponse：

Question 1

1. On parle dans ce document _____.

    A. d'un cambriolage dans une bijouterie

    B. d'une attaque à main armée dans une bijouterie

    C. de l'achat des bijoux

Question 2

L'homme qu'a vu Madame Lefèvre près de la porte de la bijouterie _____.

    A. est un gardien

    B. attendait les gens qui sortiraient de la bijouterie pour les attaquer

    C. faisait le guet（望风）tout en attendant ses complices

Question 3

Le suspect（嫌疑犯）qui était sur le trottoir _____.

    A. portait une blouse noire

    B. portait une blouse brune comme celle du fils de Madame Lefèvre

    C. portait une blouse brune

Question 4

Un homme et une femme sont sortis de la bijouterie en courant,_____.

    A. parce que l'alarme s'est déclenchée

    B. parce que quelqu'un voulait leur prendre les bijoux qu'ils avaient achetés

    C. parce qu'ils voulaient se sauver le plus vite possible

Unité 8　Les faits divers

Question 5
Combien de suspects y avait-t-il?
A. Trois, dont deux hommes et une femme.
B. Deux, dont une femme et un homme.
C. Trois, dont deux femmes et un homme.

Document II
Écoutez deux fois le passage suivant, puis choisissez la bonne réponse:

Question 6
Dans ce passage, il s'agit _____.
A. de quatre moutons qui ont bouleversé la circulation en se promenant sur une autoroute
B. de quatre moutons qui passaient les vacances sur l'autoroute A84
C. d'un accident sur l'autoroute A84 causé par les moutons et les gendarmes

Question 7
Quand les gendarmes sont arrivés, les moutons _____.
A. se dirigeaient vers la direction de Rennes
B. prenaient deux directions opposées
C. ont été attrapés par leur propriétaire

Document III
Écoutez deux fois le passage suivant, puis choisissez la bonne réponse:

Question 8
Il s'agit _____.
A. d'une famille qui a perdu leur fille à l'école
B. de la disparition de la petite Sabine rentrant de l'école
C. de la disparition d'une petite fille allant à l'école

Question 9
Sabine _____.
A. est une petite fille aux cheveux marrons et qui porte des lunettes
B. portait une robe courte à carreaux et une veste bleue et verte
C. portait un sac à dos marron et une veste blanche

Question 10

Si vous voyez Sabine, _____.

A. appelez les Leblanc au 02-35-61-94-20

B. téléphonez au numéro 02-35-71-94-00

C. appelez M et Mme Leblanc au 02-35-71-94-20

Document IV

Écoutez deux fois le passage suivant, puis choisissez la bonne réponse:

Question 11

L'homme est tombé à l'eau parce qu'_____.

A. il a voulu sauver une femme

B. il a voulu impressionner les gens dans la rue

C. il a voulu faire sauter un obstacle à son cheval

Question 12

Il est furieux parce _____.

A. que tous ses papiers sont perdus dans la rue

B. que son cheval est tombé dans un étang

C. que tout le monde rit de lui

Document V

Écoutez deux fois le passage suivant, puis choisissez la bonne réponse:

Question 13

Un automobiliste a dû payer une amende parce qu'il _____.

A. avait roulé trop vite

B. avait roulé trop lentement

C. avait causé un embouteillage

Question 14

Finalement, l'automobiliste trop prudent a payé une amende de _____.

A. 20 euros

B. 10 euro

C. 21 euros

Unité 8 Les faits divers

Document VI
Écoutez deux fois le passage suivant, puis indiquez vrai ou faux:

Question 15
Il s'est passé un incendie à l'église de Barc près du garage de Monsieur Forget.
☐ vrai   ☐ faux

Question 16
On s'est aperçu de l'incendie en voyant la fumée noire.
☐ vrai   ☐ faux

Question 17
M. Forget va acheter une nouvelle voiture parce qu'il est content que les dégâts ne soient pas très importants.
☐ vrai   ☐ faux

Question 18
La police recherche un grand homme pour ouvrir une enquête sur cet incendie.
☐ vrai   ☐ faux

Document VII
Écoutez deux fois le passage suivant, puis indiquez vrai ou faux:

Question 19
Une bombe a explosé hier à Madrid dans une voiture près d'un centre commercial.
☐ vrai   ☐ faux

Question 20
On a transporté la bombe pour la faire sauter sur un terrain vague.
☐ vrai   ☐ faux

Document VIII
Écoutez deux fois le document suivant, puis indiquez vrai ou faux:

Question 21
Les parents d'élèves ont occupé une école primaire.
☐ vrai   ☐ faux

Question 22

Les parents réclament l'ouverture des écoles dans le département.
☐ vrai   ☐ faux

Question 23

Il n'y a pas assez de classes dans les écoles du département.
☐ vrai   ☐ faux

II. Réécoutez les documents ci-dessus et essayez de les mieux comprendre.

III. Faites un résumé sur le document I.

Unité 9

La musique

 **Vocabulaire**

soliste	n.	独奏者，独唱者
porche	n. m	门廊
concerto	n. m.	协奏曲
hiérarchie	n. f.	等级
tube	n. m.	流行歌曲，流行唱片
budget	n. m.	预算
pionnier	n. m.	先驱者，创始者
électronique	adj.	电子的
affluence	n. f.	群集
scénographie	n. f.	舞台装置

I. Exercices de compréhension.

Document I
Écoutez deux fois le passage suivant, puis choisissez la bonne réponse:

Question 1
La première Fête de la Musique a eu lieu _____.
A. le 21 juin 1982
B. le 21 juin 1981
C. le 21 juin 1992

Question 2
Cette fête a été crée par _____.
A. tous ceux qui aiment la musique
B. l'ancien ministre de la culture de France
C. les musiciens français

Question 3
La Fête de la Musique est fêtée surtout _____.
A. dans les salles de concert
B. à l'opéra
C. dans les rues

Question 4
Laquelle des constatations suivantes n'est pas vraie?
A. On peut trouver toutes sortes de musiques dans les rues.
B. On peut écouter de la musique tout en prenant un verre.
C. On danse sur la musique de Beethoven.

Question 5
La Fête de la Musique est fêtée _____.
A. seulement en France
B. dans le monde entier
C. dans beaucoup de pays

Document II
Écoutez deux fois le passage suivant, puis choisissez la bonne réponse:

Question 6
Laquelle des constatations suivantes n'est pas vraie?
A. Depuis une quinzaine d'années, les Français passent plus de temps à écouter de la musique.
B. La progression importante de l'écoute de la musique en France concerne surtout la chanson.
C. Les Français écoutent le plus souvent de la musique classique.

Question 7
L'ordre des genres de musique préférée par les Français est _____.
A. la chanson, la musique classique, le rock, le jazz et l'opéra
B. la musique classique, la chanson, le rock, le jazz et l'opéra
C. le rock, le jazz, la musique classique, l'opéra et la chanson

Question 8
Ce que préfèrent les cadres et les intellectuels supérieurs, c'est _____.
A. le rock
B. la musique classique
C. la variété

Question 9
Ce que les jeunes écoutent le plus souvent, c'est _____.
A. les chansons populaires d'hier et d'aujourd'hui
B. la musique rock
C. les succès d'aujourd'hui

Document III
Écoutez deux fois le passage suivant, puis choisissez la bonne réponse:

Question 10
On dépend plus d'argent pour acheter _____.
A. des disques en musique classique
B. des cassettes en musique classique
C. des disques en musique de variétés

Question 11

En 1998, le nombre des Français qui écoutent la musique classique _____.

A. a augmenté de 17 points

B. est de 23%

C. est de 16%

Question 12

Qui n'entre pas dans le public qui préfère la musique classique?

A. Les Parisiens.

B. Les cadres et les intellectuels.

C. Les adolescents.

Question 13

Quel est le pourcentage des Français qui possèdent des disques ou cassettes de musique classique?

A. 85%.

B. 49%.

C. 23%.

Document IV

Écoutez deux fois le passage suivant, puis indiquez vrai ou faux :

Question 14

Jean-Michel Jarre est un pionnier de _____.

A. la musique classique

B. la musique électronique

C. la musique française

Question 15

Jean-Michel Jarre est le premier _____.

A. artiste étranger à donner des concerts en Chine

B. artiste occidental qui est venu en Chine il y a environs vingt ans

C. artiste occidental à donner des concerts en Chine dans les années 80

Question 16

Laquelle des constatations suivantes n'est pas vraie?

A. Jean-Michel Jarre est revenu en Chine pour l'année de la France en Chine.

B. Il donnera un spectacle de concert au moyen de la haute technologie.

C. Il jouera tout seul dans son concert.

Document V

Écoutez une (ou deux) fois le passage suivant, puis choisissez la bonne réponse:

Question 17

Cette Américaine pense que le français ne convient pas au rythme du rock.
☐ vrai   ☐ faux

Question 18

Le rap est une musique noire, parce qu'il est triste.
☐ vrai   ☐ faux

Question 19

D'après cette Américaine, le rap manque de rythme.
☐ vrai   ☐ faux

Question 20

Le rap est surtout chanté par des jeunes noirs.
☐ vrai   ☐ faux

Question 21

Cette Américaine n'aime pas la musique populaire.
☐ vrai   ☐ faux

II. Réécoutez les documents ci-dessus et essayez de les mieux comprendre.

III. Faites un résumé sur le document V.

Unité 10

La publicité

Vocabulaire

poids	n. m.	重量
circuit	n. m.	圈子，线路
branché	adj.	时髦的，时兴的
fraîcheur	n. f	凉爽，清新
tonique	adj.	使人振作的，强烈的
annonceur	n. m	广告客户
support	n. m	（此处指）宣传工具，宣传手段
créatif	n. m	广告创意者，广告制作者
mensonger, ère	adj.	骗人的
coupable	adj.	有罪的，有过错的
bomber	v. t	喷涂
slogan	n. m	口号，标语

Unité 10 La publicité

I. **Exercices de compréhension.**

Document I
Écoutez une (ou deux) fois ces publicités, puis choisissez la bonne réponse:

Publicité 1

Question 1

Qu'est-ce que c'est?

A. C'est un magnétophone.

B. C'est un robot (机器人).

C. C'est un pèse-personne parlant.

Publicité 2

Question 2

Il s'agit _____.

A. d'un ordinateur portable

B. d'un mini téléviseur

C. d'une radio

Publicité 3

Question 3

On vous propose _____.

A. un voyage dans le sud de Thaïlande

B. la circulation du nord au sud en Thaïlande

C. un circuit de voyage organisé en Thaïlande

Question 4

Quel est le tarif (价钱) proposé?

A. 1049,47 euros.

B. 1000,149,47 euros.

C. 1,149,47 euros.

Question 5

Le tarif proposé comprend _____.

A. seulement l'hébergement en hôtel première catégorie

B. le logement et tous les repas

C. seulement les repas

Publicité 4

Question 6

Cette publicité est diffusée _____.

A. pendant la fête du centenaire de Peugeot-Talbot

B. au cours d'un festival de cadeaux d'automobile

C. au cours d'une fête organisée par Peugeot-Talbot à l'occasion du centenaire de l'automobile française

Question 7

Pendant ce festival, on pourra gagner _____.

A. une série de nouveaux modèles d'automobile et des voyages pour deux

B. des 205 trois portes et des voyages etc

C. des véhicules neufs et d'occasion

Question 8

《205 trois portes》 est _____.

A. un garage

B. un type d'automobile

C. une maison à trois portes

Question 9

Ce festival a commencé _____.

A. le 14 octobre

B. le 11 octobre

C. le 4 octobre

Publicité 5

Question 10

Le nouvel Altor Vitres est _____.

A. un produit de beauté

B. un outil pour nettoyer les vitres

C. un produit pour nettoyer les vitres

Document II

Écoutez deux fois ce passage, puis choisissez la bonne réponse:

Question 11

Les trois groupes d'acteurs en jeu dans une campagne de publicité sont _____.
A. l'annonceur, le client et l'agence de publicité
B. l'annonceur, l'agence de publicité et les supports
C. l'annonceur, l'agence de publicité et la presse écrite

Question 12

Le rôle de l'annonceur dans une campagne de publicité est de _____.
A. financer et diffuser la publicité
B. financer la publicité et d'en choisir les objets
C. vendre ses produits

Question 13

Quel est le travail qu'on fait dans la première étape d'une campagne de publicité?
A. Apprendre à connaître le produit à promouvoir.
B. Choisir un client.
C. Trouver un thème de campagne.

Question 14

Le travail des créatifs c'est de _____.
A. montrer l'originalité et la meilleure qualité du produit à vendre
B. définir le public
C. choisir les objets à vendre

Document III

Écoutez deux fois ces documents, puis indiquez vrai ou faux:

Question 15

La dame s'adresse à un vendeur d'un supermarché.
☐ vrai   ☐ faux

Question 16

La dame n'a pas trouvé le café pour 4,98 euros les quatre paquets.
☐ vrai   ☐ faux

Question 17

La dame pense que la publicité l'a trompée.

☐ vrai   ☐ faux

Question 18

Un commerçant peut annoncer des réductions de prix sur des articles qui ne sont plus disponibles à la vente.

☐ vrai   ☐ faux

Question 19

La lois interdit aux commerçants de vendre des produits à des prix supérieurs à ceux qui sont affichés.

☐ vrai   ☐ faux

Document IV

Question 20

Une trentaine de personnes ont été interpellées par la police parce qu'ils ont manifesté dans la rue.

☐ vrai   ☐ faux

Question 21

La police les mettrait en liberté après avoir vérifié leur identité.

☐ vrai   ☐ faux

Question 22

Les personnes interpellées par la police sont contre la publicité.

☐ vrai   ☐ faux

II. Réécoutez les documents ci-dessus et esseyez de les mieux compredre.

III. Faites un résumé sur le document II.

Unité 11

Le sport

 **Vocabulaire**

jogging	*n. m.*	小跑步, 慢跑
désert	*n. m.*	沙漠, 荒漠
rallye	*n. m*	拉力赛
s'écraser	*v. pr.*	跌碎, 摔碎
affronter	*v. t.*	迎战, 对抗
se dérouler	*v. t.*	展开, 进行
bassin	*n. m.*	水池
relais	*n. m.*	接力赛

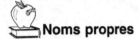 **Noms propres**

Le Cap   （南非）开普敦
La Norvège   挪威

I. Exercices de compréhension.

Document I

Écoutez deux fois le passage suivant, puis choisissez la bonne réponse：

Question 1

La personne A _____.

A. fait parfois du tennis et du ski

B. fait souvent du ski avec ses enfants

C. fait de temps en temps du tennis de table et du ski

Question 2

La personne B _____.

A. fait du vélo tous les jours

B. aime bien le vélo de course

C. fait du vélo pour rester en bonne santé

Question 3

La personne C _____.

A. ne pratique aucun sport à cause de son âge

B. aime faire du vélo avec son petit-fils

C. pense que le sport est très fatigant

Question 4

La personne D _____.

A. ne fait pas beaucoup de sport parce qu'elle n'en a pas le temps

B. fait du jogging les week-ends et tous les soirs

C. ne se rend pas compte de l'importance du sport

Unité 11 Le sport

Question 5
Quel est le point commun de ces quatre personnes sur le sport?
A. Ils aiment tous le sport.
B. Ils ne font pas beaucoup de sport.
C. Ils pensent tous que le sport fait du bien à la santé.

Document II
Écoutez deux fois le passage suivant, puis choisissez la bonne réponse:

Question 6
La grande aventure du《Dakar》est _____.
A. une course à pied à travers les déserts africains
B. une course en voiture dans les déserts qui dure 20 jours
C. une course en voiture ou à moto en traversant les déserts africains

Question 7
La course《Dakar》a eu lieu pour la première fois en _____.
A. 1978.
B. 1968.
C. 1918.

Question 8
Pour faire cette course, il faut _____.
A. aimer l'aventure et bein connaître le désert
B. aimer les déserts africains, mais aussi avoir un esprit d'aventure et une bonne santé
C. aimer les déserts africains et être beau

Question 9
Dans ce texte, lequel de ces pays n'entre pas dans l'itinéraire de la course du《Dakar》?
A. La Nigéria.
B. Le Mali.
C. L'Algérie.

Question 10

En 1992, cette course avait pour destination _____.

A. Le Cap d'Afrique du Nord

B. La Guinée

C. Dakar

Question 11

Combien de personnes ont participé à la course de l'année 1995?

A. 100.

B. 496.

C. 486.

Question 12

Le fondateur de cette course est mort dans une catastrophe aérienne _____.

A. en 1996

B. huit ans après la création de la course

C. en 1978

Document III

Écoutez deux fois le passage suivant, puis choisissez la bonne réponse:

Question 13

Laquelle des constatations suivantes est vraie?

A. C'est une grande course à pied internationale en 24 heures.

B. C'est une grande course automobiles dans les déserts en 24 heures.

C. C'est une grande course automobile internationale en 24 heures.

Question 14

Le circuit de cette course est de _____.

A. 13 kilomètres

B. 13 kilomètres 416

C. 416 kilomètres

Question 15

Le record de cette course en 24 heures est de _____.

A. 5210 kilomètres.

B. 416 kilomètres.

C. 5000 kilomètres.

Unité 11 Le sport

Document IV
Écoutez deux fois le passage suivant, puis indiquez vrai ou faux:

Question 16
Il y aura un match de tennis de table le samedi 3 avril dans la ville.
☐ vrai ☐ faux

Question 17
Les championnats de tennis de table femme dureront 5 jours.
☐ vrai ☐ faux

Question 18
Le championnat de France de football professionnel aura lieu le samedi 10 avril.
☐ vrai ☐ faux

Question 19
Le 17 avril, on assistera à une rencontre de volleyball en finale.
☐ vrai ☐ faux

Question 20
Les cours gratuits de tennis auront lieu tous les samedis matins en octobre.
☐ vrai ☐ faux

Question 21
Une grande course à pied sera organisée le dimanche 2 mai.
☐ vrai ☐ faux

Document V
Écoutez deux fois le passage suivant, puis indiquez vrai ou faux:

Question 22
Dans ce message, on a annoncé les résultats sportifs concernant la natation, le ski et le football.
☐ vrai ☐ faux

Question 23

Maria Metella a remporté le 100 mètres nage libre au championnat d'Europe en 57,37 secondes.

☐ vrai ☐ faux

Question 24

Au ski, c'est l'équipe de Norvège qui a été classée la première.

☐ vrai ☐ faux

Question 25

Au football les trois équipes qui ont gagné sont: l'équipe de Lyon, l'équipe de Bordeaux et l'équipe de Strasbourg.

☐ vrai ☐ faux

II. Réécoutez les documents ci-dessus, et essayez de les mieux comprendre.

III. Faites un résumé sur le document II.

Unité 12

Accidents et catastrophes

 **Vocabulaire**

être décédé, e		死亡
tunnel	n. f.	隧道
camion	n. m.	卡车
bloquer	v. t	使停止，阻止
refuge	n. m.	安全岛，庇护所
se heurter	v. pr.	互撞，互碰
avion cargo	n. m.	货机
tondeuse à gazon	n. f.	铡草机
subi	v. t	遭受
mécanique	adj.	机械的
vespa	n. f.	机动两轮车注册商标

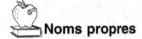

Noms propres

Nouvelle-Écosse　　　　　　　　　　　　（加拿大）新苏格兰
Halifax　　　　　　　　　　　　　　　　（加拿大）哈利法克斯

I. Exercices de compréhension.

Document I
Écoutez une (ou deux) fois le passage suivant, puis choisissez la bonne réponse:

Question 1
Pourquoi cette famille se trouvait sur l'autoroute?
　A. Pour passer les vacances.
　B. Pour rentrer chez eux après les vacances.
　C. Pour voir une famille de Lyonnais.

Question 2
Combien de blessés y a-t-il?
　A. Deux.
　B. Trois.
　C. Quatre.

Questions 3
La victime qui est morte _____.
　A. est un garçon de 5 ans
　B. est un des parents
　C. est une petite fille

Question 4
La victime est morte _____.
　A. tout de suite après l'accident
　B. à l'hôpital
　C. sur le chemin vers l'hôpital

Question 5
Comment est-il arrivé cet accident?
A. Le conducteur a perdu le contrôle de sa voiture.
B. La voiture allait trop vite.
C. On n'en connaît pas la raison.

Document II
Écoutez une (ou deux) fois le passage suivant, puis choisissez la bonne réponse:

Question 6
De quel accident s'agit-il dans ce passage?
A. Il s'agit d'un choc (碰撞) entre deux voitures.
B. Il s'agit d'une explosion.
C. Il s'agit d'une interruption de circulation.

Question 7
Cet accident est causé par _____.
A. un camion français qui est tombé en panne
B. un camion qui s'est brûlé
C. une fumée épaisse

Question 8
Combien de blessés y a-t-il?
A. Une quinzaine.
B. Une dizaine.
C. Sept.

Question 9
Pourquoi les pompiers (消防员) et les employés étaient bloqués dans des refuges?
A. Parce qu'il y avait un embouteillage à cause de l'accident.
B. Parce qu'il y avait des morts.
C. Parce qu'ils ne pouvaient pas avancer à cause de la fumée.

Document III

Écoutez une (ou deux) fois le passage suivant, puis choisissez la bonne réponse:

Question 10

Combien de victimes y a-t-il en tout dans ces trois accidents?

A. 13.

B. 14.

C. 11.

Question 11

Combien de morts y a-t-il parmi les victimes?

A. 1.

B. 6.

C. 2.

Document IV

Écoutez deux fois le passage suivant, puis choisissez la bonne réponse.

Question 12

Au moment du catastrophe aérien, l'avion _____.

A. partait en Nouvelle-Écosse

B. partait de Halifax en Espagne

C. arrivait à Halifax

Question 13

Y a-t-il des passagers qui sont morts dans cet accident?

A. Oui, il y en a sept.

B. Non, il n'y en a aucun.

C. Oui, ils sont tous mort.

Question 14

MK Airlines est _____.

A. un avion qui transportait des voyageurs

B. une compagnie aérienne canadienne

C. une compagnie aérienne britannique

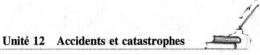

Question 15
Combien de catastrophes aériennes MK Airlines a-t-elle eus en tout dans son histoire?
A. Seulement un au Nigeria en 2001.
B. Deux, l'un au Canada, l'autre au Nigeria.
C. Deux, l'un en 2004, l'autre il y a une vingtaine d'années.

Document V
Écoutez deux fois la conversation suivante, puis indiquez vrai ou faux:

Question 16
Pascal Lemercier est un agent de police qui assure l'ordre de la circulation.
☐ vrai ☐ faux

Question 17
Selon Pascal Lemercier la plupart des accidents sont dus aux comportements humains.
☐ vrai ☐ faux

Question 18
Les causes les plus importantes des accidents graves sont dans l'ordre suivant: le non respect de la limitation de vitesse, la fatigue et l'alcool.
☐ vrai ☐ faux

Question 19
Des accidents des deux roues désignent ici les accidents des vélos.
☐ vrai ☐ faux

Question 20
Les adolescents préfèrent les motos, les vélomoteurs comme leur moyen de transport.
☐ vrai ☐ faux

Question 21
La vitesse et l'imprudence sont les causes les plus importantes pour les adolescents dans les accidents.
☐ vrai ☐ faux

Question 22

Selon l'assureur, pour diminuer le nombre d'accidents il faut bien informer, contrôler mais surtout punir.

☐ vrai ☐ faux

II. Réécoutez les documents ci-dessus et essayez de les mieux comprendre.

III. Faites un résumé sur le document V.

Unité 13

Les fêtes

Vocabulaire

se maquiller	*v. pr.*	化装
religieux, se	*adj.*	宗教的
catholique	*adj.*	天主教的
inciter	*v. t.*	鼓动，煽动
brosse à dents	*n. f.*	牙刷
peigne	*n. m.*	梳子
commémorer	*v. t.*	纪念
hareng	*n. m.*	（大西洋的）鲱鱼
farceur, se	*n.*	爱开玩笑的人
blague	*n. f.*	玩笑

I. Exercices de comprehension.

Document I

Écoutez deux fois le passage suivant, puis choisissez la bonne réponse:

Question 1

Pour la personne A, la fête c'est surtout _____.

A. le moment de réunir toute la famille

B. d'inviter les gens à la maison

C. le moment d'avoir de bons repas

Question 2

Pour faire la fête, la personne B préfère _____.

A. rester à la maison

B. sortir et s'amuser avec des amis

C. parler avec ses parents et se coucher tard

Question 3

Selon la personne B, pendant les jours de travail, _____.

A. on doit penser toujours aux cours et aux devoirs

B. on peut se coucher très tard

C. les parents ne disent rien quand il rentre tard

Question 4

Ce que la personne C trouve le plus agréable dans la fête, c'est _____.

A. de faire des achats

B. de se faire belle et d'être remarquée par les autres

C. de recevoir des amis

Question 5

La personne D aime passer la fête _____.

A. en écoutant les chansons folkloriques

B. tout seul à l'extérieur de la maison

C. avec des amis dans une discothèque

Unité 13 Les fêtes

Question 6

La personne E pense _____.

A. qu'il n'y aurait pas de fête sans danse et musique traditionnelles

B. que beaucoup de Français préfèrent la musique traditionnelle pour la fête

C. qu'il va beaucoup boire pendant la fête

Question 7

La personne F est presque du même avis _____.

A. que la personne B

B. que la personne A

C. que la personne C

Document II

Écoutez deux fois le passage suivant, puis choisissez la bonne réponse :

Question 8

Quelle est la fête la plus importante chez les Français?

A. Pâques.

B. Le Nouveal An.

C. Noël.

Question 9

Noël est une fête d'origine _____.

A. française

B. religieuse

C. américaine

Question 10

Quand est-ce que l'on peut faire le pont?

A. Quand le jour férié tombe un mardi ou un jeudi.

B. Quand le jour férié tombe un lundi.

C. Quand le jour férié tombe un vendredi.

Question 11

《Faire le pont》 veut dire _____.

A. prolonger les week-ends

B. on se repose le lundi avant un mardi férié ou le vendredi après un jeudi férié

C. on ne travaille pas la veille d'un jour férié

Question 12

Quelle sont les fêtes religieuses devenues des jours de congé?

A. Pâques, l'Ascension, la Pentecôte, l'Assomption, la Toussaint et Noël.

B. Pâque, l'Assomption, la Toussaint, le Nouvel An et Noël.

C. Pâques, la Pentecôte, l'Ascention, la Toussaint et l'Assomption

Question 13

On fête Noël surtout _____.

A. avec des amis

B. avec sa famille à la maison

C. avec sa famille et ses amis à l'église

Question 14

Pourquoi les cadeaux de Noël sont de plus en plus nombreux?

A. Parce qu'on gagne plus d'argent.

B. Parce qu'ils ne coûtent pas cher.

C. Parce qu'on vit dans une société de consommation.

Document III

Écoutez deux fois le passage suivant, puis indiquez vrai ou faux :

Question 15

On met du sel sur les brosses à dents pour protéger les dents.

☐ vrai ☐ faux

Question 16

Avant le roi Charles IX, on fêtait le Nouvel An au 1ᵉʳ avril au lieu du 1ᵉʳ janvier.

☐ vrai ☐ faux

Question 17

Certains disent que la coutume du poisson d'avril est liée à la saison de la pêche.

☐ vrai ☐ faux

Question 18

À l'époque du roi Charles IX le premier avril était la fête des pêcheurs.

☐ vrai ☐ faux

Question 19

La coutume du poisson d'avril n'existe pas dans les Pays Anglo-Saxons.
☐ vrai   ☐ faux

Question 20

Aujourd'hui, on continue toujours à faire des blagues traditionnelles le 1er avril.
☐ vrai   ☐ faux

Question 21

On fait plus de plaisanteries au travail que quand on se repose.
☐ vrai   ☐ faux

Question 22

Quand le 1er avril tombe un week-end, il est fêté à la maison.
☐ vrai   ☐ faux

II. Réécoutez les documents ci-dessus et essayez de les mieux comprendre.

III. Faites un résumé sur le document I.

Unité 14

La météo et le climat

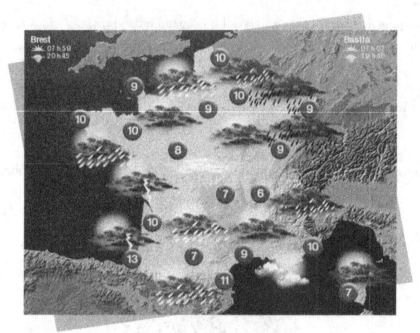

persister	v. i.	坚持，持续
anti-cyclonique	adj.	反气旋的
mitigé, e	adj.	温和的
sponsoriser	v. t.	赞助，资助
carbone	n. m.	（化）碳
perceptible	adj.	感觉得到的，察觉得到的
réchauffement	n. m.	回暖，重新变暖
planétaire	adj.	行星的，全球的
enneigement	n. m.	积雪
pôle Nord (Sud)	n. m.	北（南）极

Unité 14 La météo et le climat

I. **Exercices de compréhension.**

Document I
Écoutez deux fois le passage suivant, puis choisissez la bonne réponse:

Question 1
Quel temps fait-il aujourd'hui?
A. Il y aura du brouillard toute la journée.
B. On ne verra pas de soleil aujourd'hui.
C. Il fait beau dans l'ensemble.

Question 2
Laquelle des constatations suivantes est vraie à propos de la température?
A. La température baisse aujourd'hui.
B. La température d'aujourd'hui est beaucoup plus élevée que celle d'hier.
C. Il y aura une hausse de température demain.

Question 3
Quel temps fera-t-il demain?
A. Il fera beau.
B. Temps nuageux.
C. Il fera moins chaud au Sud qu'au Nord.

Question 4
Avec l'arrivée de la période anti-cyclonique, _____.
A. le temps deviendra beau
B. la température baisse
C. la température reste invariable

Document II

Écoutez deux fois la conversation suivante, puis choisissez la bonne réponse:

Question 5

Aux yeux de la personne A, la météo à la télé en ce moment offre aux téléspectateurs un moment de _____.

　A. se détendre

　B. savoir vraiment le temps qu'il fera le lendemain

　C. regarder les publicités

Question 6

Le bulletin météo est financé par _____.

　A. une banque

　B. un magasin

　C. ceux qui font leur publicité

Question 7

La personne A _____.

　A. s'intéresse au spectacle à la télé

　B. ne s'intéresse pas au spectacle à la télé

　C. déteste le spectacle à la télé

Question 8

Laquelle des constatations suivantes n'est pas vraie à propos de la météo à la télé?

　A. La personne A pense que les prévisions annoncées à la télé doivent être exactes.

　B. La personne B pense que la météo a d'autres fonctions que celle d'annoncer exactement le temps.

　C. Tous les deux se plaignent du bulletin météo à la télé.

Question 9

Selon la personne B, quels sont les possiblités pour savoir le temps qu'il fera le lendemain?

　A. Consulter un service météorlogique.

　B. Ecouter la radio.

　C. Regarder la télé.

Unité 14　La météo et le climat

Document III
Écoutez deux fois la conversation suivante, puis choisissez la bonne réponse:

Question 10
Combien de temps faut-il pour remarquer des changements de climat significatifs?
A. Dix ans environs.
B. Plus de dix ans.
C. Des dizaines d'années.

Question 11
Pourquoi l'homme politique ne veut pas penser aux conséquences futures des décisions prises aujourd'hui?
A. Parce qu'il est au pouvoir seulement 5 ans, l'avenir ne le regarde pas.
B. Parce qu'il n'a pas le temps.
C. Parce que c'est lointain, il n'arrive pas à y penser.

Question 12
Les accidents et catastrophes terrestres comptés par les experts sont dues _____.
A. au niveau des mers qui monte
B. au réchauffement planétaire
C. aux grandes forêts qui brûlent

Question 13
Y a-t-il combien d'accidents et de catastrohphes terrestres en dix ans?
A. Plus de 100 accidents.
B. 500 accidents.
C. Plus de 500 accidents

Question 14
Laquelle des constatations suivantes est vraie selon le document?
A. Dans certaines régions de montagne, les stations de sports d'hiver disparaîtront dans une cinquantaine d'années.
B. Dans une cinquantaine d'années, la durée d'enneigement baissera de 50 centimètres.
C. Le niveau des mers montera de 50 centimètres chaque année.

Question 15

Laquelle des constatations suivantes n'est pas vraie?

A. Si le réchauffement planétaire continue, des glaces des deux pôles de la Terre fondront.

B. Si le réchauffement planétaire continue, des pays entiers disparaîtront.

C. Quoi qu'on fasse, à long terme, le niveau des mers montera de 3 ou 4 mètres.

Document IV

Écoutez deux fois le passage suivant, puis indiquez vrai ou faux:

Question 16

On annonce un temps nuageux sur le sud-ouest du pays aujourd'hui.

☐ vrai   ☐ faux

Question 17

Sur les deux tiers nord-ouest du pays, on aura des brumes et des brouillards toute la journée.

☐ vrai   ☐ faux

Question 18

Il y a souvent des brouillards le matin dans le nord-est.

☐ vrai   ☐ faux

Question 19

La température de demain est plus basse que celle d'aujourd'hui.

☐ vrai   ☐ faux

Question 20

Demain, côté température, il fera moins 2, 3 ou 4 degrés selon les régions.

☐ vrai   ☐ faux

II. Réécoutez les documents ci-dessus et essayez de les mieux compredre.

III. Faites un résumé sur le document II.

Unité 15

Révision

Vocabulaire

prologue	*n. m.*	开场，序幕
ukrainien	*adj.*	乌克兰的
écraser	*v. t.*	压碎，压坏
traveller's chèque	*n. f.*	旅行支票
expirer	*v. i.*	到期，满期
éclipse	*n. f.*	（天）食
s'attarder	*v. pr.*	停留，滞留
hors d'usage	*loc. prép.*	不能再用的

I. Exercices de compréhension.

Document I

Écoutez une (ou deux) fois les deux messages suivants, puis choisissez la bonne réponse :

Message 1

Question 1

Combien de coureurs participent au Tour de France?

A. 140.

B. 145.

C. 150.

Question 2

Combien d'étapes y a-t-il?

A. 22.

B. 82.

C. 102.

Question 3

Laquelle des constatations est-elle vraie?

A. On doit parcourir 800 kilomètres.

B. On doit parcourir 3080 kilomètres.

C. On doit parcourir 3800 kilomètres.

Message 2

Question 4

Combien de joueurs ont été désignés Ballon d'or France Football 2004?

A. 1.

B. 2.

C. 3.

Unité 15   Révision

Question 5

Shevchenko est _____ .

A. le premier joueur ukrainien à recevoir le Ballon d'or France Football
B. le troisième joueur ukrainien à recevoir le Ballon d'or France Football
C. le cinquième joueur ukrainien à recevoir le Ballon d'or France Football

Question 6

Ronaldinho a eu combien de points de moins par rapport à Shevchenko?

A. 33.
B. 39.
C. 42.

Document II

Écoutez une (ou deux) fois ce passage, puis choisissez la bonne réponse:

Question 7

Comment cet accident s'est-il passé?

A. Des canards se sont arrêtés sur l'autoroute alors que des voitures arrivaient.
B. Des automobilistes se sont arrêtés pour regarder des canards traverser l'autoroute alors que des voitures arrivaient.
C. Des automobilistes se sont arrêtés pour attaper des canards sur l'autoroute alors que des voitures arrivaient.

Question 8

Laquelle des constatations suivantes est-elle vraie?

A. L'accident a causé d'importants dégats, mais il n'y a pas eu mort d'homme.
B. Il y a eu des morts et des blessés dans cet accident.
C. Il n'y a eu que des blessés dans cet accident.

Document III

Écoutez une (ou deux) fois ce dialogue, puis choisissez la bonne réponse:

Question 9

La cliente est-elle du pays?

A. Oui.
B. Non.
C. On ne sait pas.

Question 10
Le caissier croyait que le passeport de la cliente est expiré depuis combien de jours?
A. 10 jours.
B. 15 jours.
C. Un mois.

Document IV
Écoutez deux fois ce passage, puis choisissez la bonne réponse:

Question 11
Où pourra-t-on voir l'éclipse totale de Lune?
A. En Europe, en Afrique et en Asie.
B. En Europe, en Asie et en Amérique Nord.
C. En Europe, en Afrique et à l'est de l'Amérique.

Question 12
Combien de minutes l'éclipse de Lune durera-t-elle?
A. 12.
B. 20.
C. 22.

Question 13
A quelle heure l'éclipse sera totale?
A. À 2h18.
B. À 2h08.
C. À 18h00.

Document V
Écoutez une (ou deux) fois ce passage, puis choisissez la bonne réponse:

Question 14
Hier, comment les étudiants et les lycéens ont fêté Mardi gras?
A. Ils ont lancé dans la rue de la farine et des œufs en toutes directions.
B. Ils ont chanté et dansé dans la rue.
C. Ils ont lancé de la farine et des œufs dans des voitures.

Question 15

Quand M. Leblanc a-t-il rencontré ces jeunes qui fêtaient Mardi gras?

A. Quand il allait voir un ami.

B. Quand il allait au travail.

C. Quand il rentrait du travail.

Document VI

Écoutez deux fois ce passage et indiquez vrai ou faux:

Question 16

Adien est parti en vacances avec des copains en voiture.

☐ vrai   ☐ faux

Question 17

Un soir, au camping, Adrien a rencontré des amis du lycée.

☐ vrai   ☐ faux

Question 18

Adrien a bien visité la Grèce.

☐ vrai   ☐ faux

Question 19

Les parents de Sabina sont partis en vacances avec leur amoureux.

☐ vrai   ☐ faux

Question 20

Sabina est partie avec une amie en voiture.

☐ vrai   ☐ faux

Question 21

Sabina et son amie ont dormi dans de petits hôtels.

☐ vrai   ☐ faux

Question 22

En Corse, Philippe habite chez lui.

☐ vrai   ☐ faux

Question 23

Philippe est allé en Corse en avion.
☐ vrai   ☐ faux

Question 24

Philippe est divorcé.（离婚的）
☐ vrai   ☐ faux

II. Réécoutéz les documents ci-dessus et essayez de les mieux comprendre.

III. Faites un résumé sur le document VI.

Annexe 1 Transcription enregistrements

Transcription enregistrements

Unité 1 Messages et annonces

Document I

Écoutez une (ou deux) fois ces messages téléphoniques, puis choisissez la bonne réponse:

Message 1

Par suite d'encombrement votre appel ne peut aboutir. Veuillez rappeler ultérieurement.

Message 2

Ici le service du réveil. Vous avez souhaité être appelé à cette heure-ci; nous répondons à votre demande.

Message 3

Le numéro que vous avez demandé n'est plus en service actuellement. Cet abonné a changé de numéro, et ne désire pas communiquer le nouveau.

Message 4

Vous ne devez en aucun cas former le chiffre zéro à la suite de l'indicatif de pays. Veuillez renouveler votre appel en composant correctement le numéro.

Document II

Écoutez une (ou deux) fois ces messages à la radio, puis choisissez la bonne réponse.

Message 1

Je m'appelle Pierre et je fais collection de télécartes. Voulez-vous faire des échanges avec moi? Voici mon numéro de téléphone: 01 35 48 08 12.

Message 2

Je vais bientôt partir travailler un an au Cambodge dans une école primaire. Je recherche des jeux en bon état et des bandes dessinées. Mon nom est Patricia. Vous pouvez laisser un message au 02 78 96 31 61. Merci.

Message 3

Je vends une Fiat 131, elle a 76500 kilomètres, sa couleur est bleue, elle est en excellent état. Elle a toujours été bien entretenue, puisque c'était mon véhicule de travail.

Je la vends à 5600 euros, un prix est à débattre éventuellement. Veuillez me contacter au 03 96 71 34 51. Merci.

Message 4

Nous recherchons une personne aimant les enfants avant tout, disponible pour garder une petite fille de 5 ans et demi qui est affectueuse, et qui aime beaucoup jouer. Si cette personne avait un jardin, ce serait très bien, mais de préférence pas de gros animaux. La période de début de garde est à préciser mais en principe elle devrait se situer fin avril, début mai. Pour nous contacter vous pouvez composer le 02 33 26 65 51. Merci.

Message 5

Bonjour, je m'appelle Kamel, je dois me rendre à Paris le mardi 15 décembre et je cherche une personne qui effectue le trajet Nantes-Paris ce jour-là et qui disposerait d'une place dans sa voiture, bien entendu, je participe aux frais d'essence. Je peux partir ce mardi 15 décembre à n'importe quelle heure de la journée. J'attends vos réponses au 02 34 14 28 64.

Document III

Écoutez une (ou deux) fois ces annonces, puis choisissez la bonne réponse:

Annonce 1

Votre attention, s'il vous plaît. Le petit Martin Leroux, le petit Martin Leroux attend son papa au bureau des renseignements, situé à l'entrée du magasin, porte 3, merci.

Annonce 2

Message aux visiteurs: nous avons trouvé un porte-clés, un porte-clés, à l'entrée du musée. Son propriétaire est prié d'aller au bureau des objets trouvés qui se situe à gauche de la porte de sortie du musée.

Document IV

Écoutez une (ou deux) fois cette annonce, puis indiquez vrai ou faux:

A tous les habitants de Quimper, ce week-end, samedi et dimanche à partir de 10:00 et jusqu'à 17:30, la mairie organisera deux journées culturelles sur la place du centre ville, il y aura des concerts, des représentations théâtrales, des expositions d'artistes locaux et des cours de musique, de danse, de théâtre. Venez nombreux.

Document V

Écoutez deux fois ces annonces, puis indiquez vrai ou faux:

Annonce 1

Vous souhaitez apprendre le français? 《Clé internationale》 vous propose une nouvelle méthode de français 《Initial》 1 et 《Initial》 2. Cette méthode est une introduction au

Annexe 1 Transcription enregistrements

français pour débutants complets. Elle convient tout aussi bien au système scolaire (sur deux années de lycée, par exemple) qu'à l'enseignement pour adultes grands débutants. Venez vous renseigner auprès de notre stand situé dans l'allée G au numéro 7. Un cadeau vous y attend: un mini-guide de Paris.

Annonce 2

La revue Polyglotte profite d'Expolangues pour vous faire découvrir sa nouvelle publication: une version italienne. Professionnels et étudiants, vous êtes déjà nombreux à lire Polyglotte en anglais, en espagnol et en allemand. Dorénavant, vous pourrez découvrir un résumé de l'actualité de la semaine en italien. Voilà un événement qui va bouleverser vos habitudes. Pour vous abonner à nos revues, passez nous voir au stand Polyglotte, allée C, stand 23. Nous aurons le plaisir de vous offrir un numéro gratuit dans la langue de votre choix et vous pourrez participer à notre jeu-concours qui vous permettra peut-être de gagner le week-end à Florence offert pour deux personnes. Nous vous attendons en C 23.

Unité 2 Partir en vacances

Document I

Écoutez deux fois cette conversation, puis choisissez la bonne réponse:

—Dis Joseph, je suis allée à l'agence pour les vacances! J'ai tous les renseignements.

—Ma chérie, qu'est-ce que tu as trouvé pour cette année? Nous ne retournerons pas toujours en Suisse!

—Non, cette fois, pour changer, j'ai pensé à la Corse.

—Aller en Corse! Mais comment on y va? En avion? A cinq c'est trop cher!

—Non, en bateau. Comme ça nous pouvons partir avec la voiture. Écoute, on prend le bateau à Marseille le soir vers 9 heures et on arrive le lendemain matin vers 6 heures à Ajaccio, et nous pouvons même visiter la maison natale de Napoléon.

—C'est parfait! Et pour le logement?

—Il y a beaucoup de possibilités: à l'hôtel, chez l'habitant, louer une maison… Mais comme nous voulons visiter la région, on ne peut pas louer une maison…

—Je pense que chez l'habitant, c'est plus agréable! Comme ça on peut parler avec les gens et on connaît mieux la région.

—Tu as raison. Je crois que nos enfants seront contents. Ils pourront faire des promenades à vélo, de la natation, et de la planche à voile…

—Bon, tu t'occupes des réservations.

Document II

Écoutez deux fois cette conversation, puis choisissez la bonne réponse:
—Bonjour Monsieur.
—Bonjour Madame. Je peux vous renseigner?

—Ben, voilà, je désirerais faire avec mon mari une croisière pendant les vacances.

—Oui. Est-ce que vous avez une petite idée de l'endroit où vous voulez aller? Plutôt au sud, au sud-ouest, ou au sud-est?

—Je préfèrerais le sud, la Méditerranée disons.

—Le sud. Et alors quand? Le mois de juillet, le mois d'août?

—En juillet.

—Alors, je vais vous proposer une croisière qui part de Toulon la mi-juillet, et qui fait la Grèce, la Crète et la Sicile. Et ça dure dix jours. Pendant ces dix jours, vous êtes sur le bateau, vous suivez l'itinéraire et vous avez droit chaque soir à des spectacles de danse, à des concerts ou à des conférences.

—Alors le prix?

—Ce n'est pas trop cher, c'est 1350 euros par personne et tout est compris.

—Vous n'avez rien d'autre à me proposer?

—Sinon, c'est le tour de l'Espagne. C'est un départ de Marseille, toujours au mois de juillet, et ça dure une semaine...

—Oui, mais... je vous arrête, parce que ça m'intéresse moins, l'Espagne.

—Bon, alors, je peux vous proposer une troisième croisière, qui part tous les samedis du 13 avril au 16 octobre, donc ça vous donne des facilités au niveau du choix des dates. Alors là, c'est un itinéraire qui part de Venise et qui dure une semaine.

—Pardon, vous dites qu'on part de Venise?

—Oui, c'est ça. C'est un petit inconvénient de cette croisière, parce que vous devez vous rendre à Venise par vos propres moyens.

—Ah bon, c'est un peu gênant... Alors, vous pouvez me laisser ces brochures. Je vais réfléchir et je vous remercie beaucoup.

Document III

Écoutez deux fois ce texte, puis indiquez vrai ou faux:

《Pendant six mois de l'année les Français parlent de leurs prochaines vacances et pendant les six autres mois, ils parlent de leurs précédentes vacances》, constate l'humoriste, Jean Charles. Avec la météorologie, il s'agit bien là de l'un des sujets de conversation préférée.

D'autant plus que ces départs concernent désormais toutes les périodes de l'année: Toussaint, Noël, février, Pâques, mai, juillet, août... le nombre de jours de congé officieux (ponts, week-end prolongés) ne cesse d'augmenter.

En regardant de près les statistiques de l'I. N. S. E. E, on note que 52% des Français sont partis entre août et septembre avec leur femme et leurs enfants, ils ne sont que 20% à partir seuls, ils roulent vers la mer. Celle-ci attire près de la moitié des vacanciers, loin devant la montagne (17%), la campagne (27%), les villes (6%). On y trouve surtout la possibilité de pratiquer de multiples activités ludiques et sportives: natation, voile,

Annexe 1 Transcription enregistrements

pêche... Mais cette concentration de millions de personnes sur moins de 3% de l'hexagone ne va pas d'ailleurs sans poser de graves problèmes. La fréquentation intensive des plages se montre extrêmement polluante et destructrice.

Unité 3 Voyage en train

Document I
Écoutez une (ou deux) fois ces annonces, puis choisissez la bonne réponse:
Annonce 1
Gare de Lyon, ici gare de Lyon, les voyageurs se dirigeant gare de l'Est ou gare du Nord sont invités à se rendre dans la cour de la gare, où un service d'autobus est mis à leur disposition.
Annonce 2
Mesdames et messieurs, nous vous informons qu'en raison d'un incident, le TGV en provenance de Lyon est annoncé voie 13, avec 5 minutes de retard.

Document II
Écoutez deux fois cette conversation, puis choisissez la bonne réponse:
—Pardon Monsieur, notre train arrivera à l'heure à destination?
—Non, Madame, il arrivera avec un retard de 16 minutes.
—Mais j'ai une correspondance gare de l'Est à 15h23. Vous croyez que ce sera suffisant?
—Vous y allez en métro?
—Oui.
—Bon, alors ça devrait aller. Mais faites bien attention à ne pas vous tromper de ligne. Vous suivez Porte de Clignancourt.
—Et au cas où ça n'irait pas, il y a un autre train après?
—Je vais regarder. Au fait, c'est pour aller où?
—A Nancy.
—Nancy, Nancy, 15h23. Oui. Ah, vous en avez un autre à 16h28, qui va à Strasbourg. Il est même un peu plus rapide que l'autre. Et comme on est un jour de semaine, il y aura certainement de la place. Allez, votre situation n'est pas dramatique.

Document III
Écoutez deux fois cette conversation, puis choisissez la bonne réponse:
—Bonjour, monsieur. Je voudrais aller à Bordeaux.
—Quel jour?
—Aujourd'hui, par le premier train.
—Il y a un train qui part théoriquement à 10h17, donc dans 20 minutes. Ça vous va?

—Oui, très bien. Mais excusez-moi, pourquoi avez-vous dit «théoriquement»?

—Parce qu'il y a une grève. Donc, ce n'est pas sûr. Mais vous pouvez prendre un billet.

—Bon, mais si le train ne part pas à cause de la grève?

—Vous prendrez le suivant, à 13h05. Il faudra que vous changiez la réservation. C'est tout...

—C'est tout, c'est tout! Mais c'est inadmissible, ça! Vous, les Français, vous faites tout le temps grève! C'est incroyable à la fin!

—Ne vous énervez pas, madame, et vous exagérez un peu: ce n'est pas tout le temps... Je vous comprends, mais moi, je n'y peux rien! Alors un aller simple ou un aller-retour?

—Mais si le train ne part pas, vous me rendez mon argent?

—Bien sûr, mais attention: je ne peux vous rembourser votre billet que s'il n'est pas composté. Alors un aller simple ou un aller-retour?

—Simple, en première classe.

Document IV

Écoutez une (ou deux) fois ce texte, puis indiquez vrai ou faux:

JVS: JEUNE VOYAGEUR SERVICE

Avec JVS, vos enfants peuvent voyager seuls, s'ils sont âgés de 4 à moins de 14 ans. Vous pouvez en effet les confier à une hôtesse qui les prendra en charge, et assure l'animation de leur voyage. Il vous suffit de réserver à l'avance et d'acheter un billet de 2e classe ainsi que le forfait JVS.

Ce service est proposé pendant les vacances scolaires.

Document V

Écoutez deux fois ce texte, puis indiquez vrai ou faux:

La surréservation

Vous avez des impératifs horaires et vous préférez emprunter un TGV dont toutes les places assises ont déjà été réservées, plutôt que de vous reporter sur un autre train: la surréservation peut permettre de satisfaire votre demande pour ce train.

Si vous choisissez pour un voyage en surréservation, votre titre vous indique un numéro de voiture mais pas de numéro de place et comporte la mention «place assise selon disponibilité». Ce titre vous permet d'accéder au TGV mais ne vous garantit pas de place assise en toute circonstance, si, par exemple, tous les voyageurs ayant réservé se présentent au moment du départ.

Le cas échéant, à bord du train, le contrôleur pourra vous indiquer s'il reste encore des places inoccupées.

Annexe 1 Transcription enregistrements

Unité 4 Voyage en avion

Document I

Écoutez deux fois ces messages, puis choisissez la bonne réponse:

Message 1

Mesdames et Messieurs, bonjour. Le commandant, Monsieur Besseau et son équipage vous souhaite la bienvenue à bord de cet Airbus A-320 d'Air France à destination de Vienne. Nous vous demandons d'attacher votre ceinture et de ne pas fumer. Nous vous souhaitons un agréable voyage.

Message 2

Mesdames, Messieurs, nous vous prions de conserver votre ceinture attachée jusqu'à l'extinction du signal lumineux et vous recommandons de la maintenir attachée pendant le vol. Par égard pour les autres passagers nous vous demandons de respecter les zones de non-fumeurs de l'appareil et d'éviter de fumer la pipe ou le cigare.

Message 3

Mesdames et Messieurs, pour des raisons de sécurité nous vous informons qu'il est interdit de fumer dans les toilettes et lors de vos déplacements en cabine. Par ailleurs nous vous recommandons de prendre garde aux chutes éventuelles d'objets à l'ouverture des coffres à bagages.

Document II

Écoutez une (ou deux) fois ce message, puis choisissez la bonne réponse:

Attention, Mesdames et Messieurs.

Nous atterrirons bientôt à Shanghai, à l'aéroport Pudong.

Il est 13h16, heure locale.

Il fait chaud en ce moment à Shanghai, et la température au sol est de 36°.

Nous vous prions de rester assis jusqu'à l'arrêt complet de l'appareil. Nous espérons que ce vol vous a plu. Merci d'avoir choisi de voyager avec Air France.

Document III

Écoutez deux fois cette conversation, puis choisissez la bonne réponse:

Cliente: Monsieur s'il vous plaît, vous pouvez me renseigner sur les horaires des avions? Je dois me rendre à Francfort.

L'employé: Oui, bien sûr. Vous avez chaque jour des vols qui partent pour Francfort de Roissy-Charles-de-Gaulle. Et c'est pour quel jour de la semaine?

C: Après-demain, mercredi, le 15 avril.

E: Bon, vous avez un Boeing 737 qui part à 7h40 de Roissy-Charles-de-Gaulle, est-ce que ça vousira?

C: Non, c'est trop tôt le matin. Vous n'avez pas un autre vol?

E: Mais si, il y a un vol qui part à 10h25, un autre à 11h35... Mais celui qui part à 10h25 fait escale à Bonn.

C: Alors je prends celui de 11h35, vous pouvez me réserver une place?

E: Oui, je vous fais ça tout de suite, mais vous voulez en première classe ou en classe économique?

C: En classe économique, s'il vous plaît. Et excusez-moi, monsieur, je voudrais aussi savoir si j'ai droit à une franchise de bagage?

E: Bien sûr, vous avez droit à 20 kilos.

C: Et si jamais j'ai des suppléments de bagages...

E: Si vous avez un excédent de bagages? Alors là, ça dépend de l'excédent. Si l'avion est très chargé, on peut vous faire payer un supplément, très cher, sinon, si vous avez jusqu'à 3 ou 4 kilos d'excédents, c'est bon.

C: Merci.

Document IV

Écoutez une fois cette petite interview, puis indiquez vrai ou faux:
《Vous aimez prendre l'avion lors de vos déplacements en province ou à l'étranger》?

Personne A

Je voudrais prendre l'avion lors de mes déplacements, mais je n'ai pas les moyens, je suis étudiant, donc je prends plutôt le train quand je pars en vacances.

Personne B

Oui, absolument. C'est rapide, c'est pratique. J'aime voyager en avion tant en province qu'à l'étranger.

Personne C

Oui, oui, j'aime prendre l'avion, parce qu'il y a de très belles hôtesses à bord de l'avion, ça rend le voyage agréable.

Personne D

Ça dépend. Si je fais des voyages en province, je préfère prendre le train. On se sent plus en sécurité.

Personne E

Qu'est-ce qu'on pourrait faire, sinon prendre l'avion, quand on part pour l'Asie par exemple.

Unité 5 Consommation et achats

Document I

Écoutez deux fois ce passage, puis choisissez la bonne réponse:
Attention, Mesdames et Messieurs.

Annexe 1 Transcription enregistrements

Voici les articles offerts en réduction chez Monoprix, spécialement pendant les trente prochaines minutes.

Au rayon des vêtements pour hommes: nous proposons des vestes en laine pour les jeunes. Normalement vendues à 28,99 euros, nous vous les offrons en réduction avec une économie de 5 euros.

Au rayon chaussures, les baskets pour filles, normalement à 21,90 euros, sont en réduction à 16,90 euros.

Au rayon pâtisserie. Tartes aux pommes, normalement vendues à 4,98 euros, en réduction à 3,98 euros, une économie de 20%.

Ne manquez pas nos «spéciaux».

Et merci d'être venu chez Monoprix.

Document II

Écoutez deux fois cette conversation, puis choisissez la bonne réponse:

Client: Il coûte combien, ce verre?

Marchande: 8 euros cinquante.

C: Holà, c'est cher!

M: Non, à ce prix, c'est une occasion. Il est ancien. Il est beau, n'est-ce pas?

C: Mais regardez, il est abîmé, là, sur le bord.

M: Où? Ça ne se voit pas, ça. C'est rien.

C: Ouais, c'est pour ça que je l'ai vu tout de suite!

M: Écoutez, s'il vous intéresse vraiment, je vous le fais à 8 euros. Vous collectionnez les verres?

C: Moi, non. C'est pour offrir à une amie. Allez, faites-moi un meilleur prix. Regardez: il a un petit défaut, là. Vous voyez?

M: Bon, 7 euros cinquante. Mais c'est bon marché, et à ce prix-là, je commence à perdre de l'argent, moi.

C: Non. Vous faites encore une bonne affaire. Disons 6 euros cinquante à condition que je vous achète aussi ce second verre. Il coûte combien celui-là?

M: 6 euros seulement.

C: Mais, il est aussi abîmé, c'est dommage!

M: Vous le voulez gratuitement peut-être?

C: Non, n'exagérons pas! 5 euros, ça vous va?

M: Bon, d'accord.

Document III

Écoutez deux fois ce passage, puis choisissez la bonne réponse:

Nous mangeons de moins en moins de fruits et de légumes. La consommation française a baissé de quinze pour cent depuis quelques années. Les professionnels ont donc décidé de faire une campagne de sensibilisation nationale afin d'essayer de relancer cette consommation des choux et des pommes de terre. La campagne débute aujourd'hui même dans la région parisienne. Elle se déroulera ensuite dans toute la France région par région. Il s'agit de mieux informer les consommateurs, de proposer aux distributeurs une nouvelle politique de vente, avec un meilleur choix, une meilleure qualité des produits à l'étalage, etc.

Document IV

Écoutez deux fois ce passage, puis indiquez vrai ou faux:

—Ce soir, dans notre émission 《Le téléphone sonne》, nous parlerons du droit des consommateurs.

—Allô, bonsoir madame. Pourquoi nous appelez-vous?

—Eh bien voilà, pendant les vacances, nous sommes allés dans un hôtel avec nos enfants et le directeur n'a pas voulu nous louer de chambre si nous ne dînions pas au restaurant de l'hôtel. Est-ce légal?

—Non, pas du tout, depuis la loi de 1986, personne n'a le droit de refuser à un client la vente d'un produit ou d'un service. Un hôtelier n'a pas le droit non plus de vous obliger à prendre le petit déjeuner, s'il le fait, on peut lui demander de payer une amende de 10000 F, c'est à dire 1525 euros à peu près. En effet, si vous n'arrivez pas à le convaincre, vous pouvez porter plainte auprès de la Direction de la consommation et des fraudes. Un autre conseil, regardez bien les prix des hôtels, les tarifs sont libres et ils peuvent donc varier d'un hôtel à un autre. Les tarifs doivent être affichés à la réception, dans les chambres et à l'extérieur de l'hôtel.

—Merci d'avoir répondu à ma question.

—Au revoir, madame.

Unité 6 À la télé

Document I

Écoutez une fois ce passage, puis choisissez la bonne réponse:

Aujourd'hui 10 mai, à la télévision, ce soir:

Annonce 1

Si vous aimez le sport, le match Inter de Milan contre AS Monaco sera retransmis en direct sur TF1 à 20h35.

Annonce 2

Pour le cinéma, nous vous proposons un vieux film mais un grand succès de Fernandel,《Ali Baba et les 40 voleurs.》 C'est à 20h50 sur France 2.

Annonce 3

Pour les enfants et les amoureux du cirque, un grand spectacle international de clowns

Annexe 1 Transcription enregistrements

et d'acrobates à 20h50 sur FR3.

Annonce 4

Après le match, à 22h40 sur TF1, comme tous les mardis, l'excellent magazine《Le Monde de Léa》, consacré ce soir aux sectes.

Annonce 5

Et vers minuit, toujours sur France 3, un film qui vous fait pleurer:《L'oiseau noir》, la triste histoire d'un jeune garçon qui se sent abandonné par ses parents.

Annonce 6

Enfin sur Arte, à 20h45, vous pouvez aussi découvrir un documentaire sur Margaret Thatcher, femme politique britannique. Ce documentaire présente la vie étonnante de cette femme hors du commun.

Document II

Écoutez deux fois ce passage, puis choisissez la bonne réponse:

Au cours de sa vie, un Français passe plus de temps devant le petit écran qu'au travail: environ 9 années, contre 6 années au travail. La durée moyenne d'écoute par personne, plus de trois heures par jour, représente l'essentiel du temps libre.

Selon un sondage paru dans Télérama, un hebdomadaire de télévision, 93% des Français estiment que la télévision permet parfois de se sentir moins seul, 88% pensent que c'est une formidable ouverture sur le monde et 81% se sentent un peu esclaves de la télévision. 66% pensent que la télévision détruit les relations au sein de la famille et 24 % qu'un jour sans télévision est un jour un peu gris.

Les journaux télévisés constituent le programme le plus regardé, même les adolescents entre 10-15 ans disent qu'ils sont très intéressés par l'actualité et la télévision est la source d'information principale de plus des deux tiers d'entre eux. Les films, les jeux et le sport sont également très regardés, ceci s'explique en partie par les horaires de diffusion, parce qu'une émission diffusée après les journaux télévisés de 20 h est beaucoup plus regardée qu'une autre placée en fin de soirée, après 23 h comme les magazines-documentaires, les variétés etc.

Document III

Écoutez une (ou deux) fois ce passage, puis indiquez vrai ou faux:

《Vous regardez la télé?》

Personne 1

—Au moins le soir, avec la télé, mon mari est à côté de moi!

Personne 2

—Quand la télé est allumée, les enfants se taisent et je n'ai pas besoin de leur parler. La télé, c'est le repos pour moi.

Personne 3

—Impossible de passer des heures devant la télé. Je suis mère de 3 garçons et je travaille très loin de chez moi.

Personne 4

—Moi, je ne pourrais pas m'en passer. Je vis seul, et je ne gagne pas beaucoup, la télé, c'est ma compagnie et ma distraction. Elle est toujours allumée quand je suis à la maison...

Personne 5

—La télé, c'est pas mal... Il y a des émissions drôles. Moi, je regarde surtout les feuilletons et les variétés.

Personne 6

—Avec le prix d'un téléviseur, on peut acheter des dizaines de livres ou aller plus d'une centaine fois au ciméma, vous ne trouvez pas que c'est idiot de regarder la télé?

Personne 7

—La plupart des programmes sont nuls et les seules émissions que je trouve intéressantes sont toujours diffusées trop tard dans la soirée. Je préfère me coucher au lieu d'avoir une télécommande à la main.

Personne 8

—Vous savez il y a 20% des élèves qui ne savent pas lire à l'entrée en sixième. Je suis père de deux filles, vous croyez que j'ai d'autres choix?

Unité 7   Relation entre deux générations

Document I

Écoutez deux fois la conversation suivante, puis choisissez la bonne réponse:

—Sophie, tu as déjà 21 ans, mais tu habites encore chez tes parents. Alors tu t'entends bien avec eux?

—Oui, je m'entends très bien avec eux. Ils me comprennent et moi, je fais de mon mieux pour ne pas les déranger trop.

—Mais de temps en temps, tu ne trouves pas un peu difficile de vivre chez tes parents?

—Oh non, pas du tout.

—Alors, vous n'avez jamais d'ennuies entre vous?

—Oh si! On se dispute parfois. Par exemple, ils sont fatigués quand je mets du rock un peu trop fort pour eux, ou bien ils trouvent que j'achète un peu trop de vêtements. Et puis ils me font souvent la tête si je rentre trop tard du discothèque. Mais tout ça s'arrange toujours.

—Ils aiment bien tes copains?

—Oui, oui, seulement ils trouvent que je passe trop de temps avec mes copains,

Annexe 1 Transcription enregistrements

surtout ma mère! Mais ils ne me permettent pas de passer la nuit chez des copains.

—Alors, tu n'as pas envie de partir un jour et de louer un studio par exemple?

—Non, je suis très bien à la maison. Je n'ai pas envie d'aller ailleurs! un studio, c'est trop petit, d'ailleurs, si je prends un studio, je dois payer moi-même le loyer! Et puis ici, j'ai la télé, le magnétoscope et ma mère s'occupe de mon linge et de mes repas.

—Alors tu profites de tes parents?

—Tu crois? Mais moi, je ne pense pas comme ça. C'est un échange. Eux, en ce moment, ils m'aident à vivre et moi, je ferai peut-être la même chose pour eux plus tard quand ils seront vieux.

Document II

Écoutez deux fois le passage suivant, puis choisissez la bonne réponse:

L'adolescent a tué sa famille!

Pierre, l'adolescent de 14 ans qui a reconnu avoir tué ses parents, son petit frère et grièvement blessé sa sœur, mercredi 27 octobre à Ancourteville-sur-Héricourt, a évoqué des maltraitances physiques et morales infligées par ses parents devant le procureur, Joseph Schmit.

C'est la première fois que le jeune homme a cité ces maltraitances.

L'enquête devra déterminer leur réalité. L'adolescent en voulait surtout à sa mère qui selon lui, le disputait tous les jours et le frappait régulièrement avec une mouvette, c'est à dire une cuillière en bois dont on se sert pour faire la cuisine, a précisé le procureur.

M. Schmit a donné des exemples de ces maltraitances: sa mère aurait refusé de lui donner 1 euro pour acheter France Football. Mardi, la veille du massacre, elle l'aurait frappé avec la mouvette parce qu'il n'avait pas fait son lit. C'est alors qu'il aurait décidé qu'il fallait que ça s'arrête.

Mercredi, au cours du déjeuner, elle lui aurait interdit de jouer au football avec ses copains, parce qu'il avait des devoirs à terminer.

Selon le procureur, Pierre aurait décidé de tuer son père après sa mère, car il craignait sa réaction.

En revanche, le meurtre de son petit frère et la blessure infligée à sa petite sœur, qui s'est ensuite réfugiée chez une voisine, n'auraient pas été prémédités. «Il explique qu'il a été dépassé par les événements», dit le procureur.

Document III

Écoutez deux fois le passage suivant, puis indiquez vrai ou faux:

—Vous vous entendez bien avec vos parents?

Personne A.

Oui, oui. C'est pour ça que j'habite toujours chez eux. Ils me laissent faire ce que je veux. Quand j'invite des amis à passer la nuit, ils vont chez mes grands-parents, quand je regarde le match de foot à la télé, ils vont au cinéma, parce qu'ils n'aiment pas le foot. Mais mon père, lui, il est comme moi, un vrai internaute.

Personne B.

Mes parents, eux, ils m'énervent, surtout ma mère. 《Tu as eu de bonnes notes aujourd'hui?》 c'est toujours la première question de ma mère quand elle rentre du travail, même quand elle est très fatiguée, elle n'oublie pas de me le demander. C'est pour ça que j'ai loué un studio, un petit.

Personne C.

Mes parents, je les déteste. Ils m'interdisent de jouer au foot avec des copains, ils ne me permettent pas d'aller en discothèque, et ils m'obligent à faire des devoirs dans ma chambre lors qu'ils regardent la télé! et puis mon père m'énerve avec ses idées politiques. Et à ses yeux, les jeunes ne valent pas grand-chose. Quand j'ai les moyens, je les quitterai, ça c'est sûr.

Personne D.

Mes parents pensent qu'ils comprennent tout et qu'ils ont toujours raisons. On se disputaient tout le temps quand j'habitais avec eux. Mais vous savez, ce n'est pas avec eux que j'ai appris plus de choses ou d'informations sur le monde actuel, c'est au contraire avec mes copains que je les ai eues. C'est pour ça que quand j'avais mon premier boulot, je les ai quittés et j'ai partagé un appartement avec deux copines.

Unité 8 Les faits divers

Document I
Écoutez deux fois le passage suivant, puis choisissez la bonne réponse:

Un hold-up a été commis dans une grande bijouterie.

Mme Lefèvre qui habite en face de la bijouterie a été interrogée par la police.

—J'étais en train d'arroser mes plantes à la fenêtre. Il était une heure moins le quart. J'ai vu un homme sur le trottoir d'en face, près de la porte de la bijouterie. Et devant la bijouterie, s'est garée une voiture.

—Comment était cet homme?

—Je n'y ai pas prêté attention, vous savez à cette heure-là, il y a du monde dans les rues! Euh... il était assez grand, mais il portait une blouse brune...

—Vous avez reconnu la voiture?

—Ah, ça oui. Parce que mon fils a la même. C'était une R25 noire. Ensuite, tout s'est passé très vite. Un homme et une femme sont sortis en courant de la bijouterie. Ils portaient deux sacs. Ils sont montés dans la voiture avec celui qui était sur le trottoir. La voiture est partie à toute allure. Deux minutes après, vous étiez là.

Annexe 1　Transcription enregistrements

Document II

Écoutez deux fois le passage suivant, puis choisissez la bonne réponse:

Tout est bien qui finit bien!

Envies de vacances peut-être: hier matin vers 9 heures, quatre moutons se promenaient sur l'autoroute A 84. Les gendarmes ont mis trois heures pour rétablir la circulation.

L'opération a été difficile car, quand ces bêtes ont vu les gendarmes, ils se sont séparés, deux d'entre eux prenaient la direction de Rennes, les deux autres la direction opposée. Heureusement, il n'y a eu aucun accident. Finalement, les douze gendarmes ont réussi à les attraper. Leur propriétaire est venu les chercher en début d'après-midi à la gendarmerie.

Document III

Écoutez deux fois le passage suivant, puis choisissez la bonne réponse:

La petite Sabine Leblanc a disparu ce matin sur le chemin de l'école. Elle a 8 ans, elle est brune et elle a les cheveux courts. Elle porte des lunettes. Ce matin elle portait une robe courte à careaux d'une couleur bleue et verte et une veste blanche. Elle a des basckets blancs aussi, un sac à dos marron. Ses parents sont très inquiets. Si vous la voyez, téléphonez à M et Mme Leblanc au 02 35 71 94 20.

Document IV

Écoutez deux fois le passage suivant, puis choisissez la bonne réponse:

Un homme est tombé à l'eau. Sa tenue et la cravache qu'il tient à la main indiquent que c'est un cavalier. Pour impressionner les gens qui étaient avec lui, en particulier une femme à qui il aimerait plaire, il a voulu faire sauter un obstacle à son cheval. Mais l'animal l'a jeté dans un étang. Il est furieux parce que tout le monde rit de lui et il se sent complètement ridicule. De plus, il avait dans ses poches tous ses papiers qui bien sûr sont maintenant trempés ou perdus...

Document V

Écoutez deux fois le passage suivant, puis choisissez la bonne réponse:

Un automobiliste a dû payer une amende au Boulon (Pyrénée-Oriental), près de Perpignan, parce qu'il avait roulé à 30km/h dans le centre ville, vitesse jugée trop lente et gênante pour la circulation, d'après la police.

Finalement, l'automobiliste n'a pas été obligé de payer l'amende de 20 euros, et les fonctionnaires de police ont reçu pour consigne de ne plus mettre d'amende pour ce type d'infraction, a-t-on précisé au commissariat central de Perpignan.

Document VI

Écoutez deux fois le passage suivant, puis indiquez vrai ou faux:

Un incendie s'est passé samedi vers midi dans le garage de Monsieur Forget, situé près de l'église de Barc. Une épaisse fumée noire a donné l'alerte et les pompiers sont arrivés très rapidement. Les dégâts dans le garage de M. Forget ne sont pas très importants mais il doit acheter une nouvelle voiture. On ne connaît pas encore les causes de l'incendie et la police ouvre une enquête. Une vieille dame dit qu'elle a remarqué un jeune homme très grand sortir du garage un peu avant l'incendie. La police recherche ce jeune homme.

Document VII

Écoutez deux fois le passage suivant, puis indiquez vrai ou faux:

Une bombe de 20 kilos a été neutralisée hier à Madrid. Elle était placée dans une voiture près d'un centre commercial. Les artificiers l'ont transportée sur un terrain vague pour la faire sauter.

Document VIII

Écoutez deux fois le document suivant, puis indiquez vrai ou faux:

Sept écoles primaires sont occupées par des parents d'élèves ce matin dans le Vaucluse. Ils ont investi les établissements à l'ouverture des portes. Les parents d'élèves réclament la création de 25 classes supplémentaires dans le département.

Unité 9 La musique

Document I

Écoutez deux fois le passage suivant, puis choisissez la bonne réponse:

C'est en 1982 que le Ministre de la culture de l'époque, Jack Lang, a lancé la Fête de la Musique. Elle a lieu depuis, chaque année le 21 juin, qui marque également le début de l'été.

Dans les villes et les villages de France, les musiciens sortent dans la rue et jouent de leur instrument. Les rues sont remplies d'orchestres ou de solistes. Sur les places publiques, sous les porches des immeubles, devant les maisons, sur les bancs publics, des gens inconnus deviennent pour quelques heures les vedettes d'un public bienveillant qui applaudit facilement. Les rues des villes sont noires du monde et l'on peut passer devant un orchestre américain, puis écouter quelques mouvements d'un concerto de Beethoven, avant de danser plus loin sur un air de rock ou de valse, pour terminer à la terrasse d'un café, un verre de bière devant soi et un morceau de jazz dans les oreilles.

Animation, couleurs, airs de toutes sortes, musiques de tous pays, musiciens de tous

Annexe 1 Transcription enregistrements

âges: bref, c'est l'été et c'est la fête. La Fête de la Musique a connu un tel succès qu'elle s'est exportée dans de nombreux pays du monde.

Document II

Écoutez deux fois le passage suivant, puis choisissez la bonne réponse:

La progression importante de l'écoute de la musique depuis une quinzaine d'années concerne tous les genres musicaux. Mais la hiérarchie reste sensiblement la même: la chanson arrive largement en tête, devant la musique classique, le rock, le jazz et l'opéra.

Cette préférence pour la variété se retrouve dans toutes les catégories de la population, en particulier chez les femmes, à l'exception des 15-19ans, qui lui préfèrent la musique rock, et à l'exception des cadres et professions intellectuelles supérieures qui privilégient la musique classique.

Les chansons les plus souvent volontiers écoutées par les jeunes sont les «tubes» du moment, alors que les plus âgés restent attachés à des succès plus anciens.

Document III

Écoutez deux fois le passage suivant, puis choisissez la bonne réponse:

La musique classique a représenté 9% du nombre de disques achetés en 2003, contre 11% en 2002. Elle n'a représenté que 3% des cassettes, ce qui explique que le budget qui lui est consacré est proportionnellement moins important que celui attribué à la musique de variétés. La diminution des achats enregistrés en 2003 indique que les amateurs de musique classique ont fini de reconstituer leurs discothèques avec des disques compacts.

Entre 1983 et 1998, le pourcentage de Français déclarant écouter le plus souvent de la musique classique a progressé de 7 points, passant de 16 à 23%. Mais la composition de ce public a peu évolué: personnes d'âge moyen, Parisiens, bacheliers et diplômés de l'enseignement supérieur, et surtout cadres et professions intellectuelles. 85% de ces derniers possèdent des disques ou cassettes de musique classique contre 49% dans l'ensemble de la population.

Document IV

Écoutez deux fois le passage suivant, puis indiquez vrai ou faux:

Diplômé du Conservatoire de Paris, Jean-Michel Jarre est considéré comme un pionnier de la musique électronique depuis plus de 20 ans. Il est avec plus de 60 millions d'albums vendus et plusieurs concerts battant tous les records d'affluence, un des artistes français qui ont remporté le plus de succès à travers le monde.

Jean-Michel Jarre a été le premier artiste occidental à se produire en Chine au début des années 80. Il revient en Chine à l'occation de l'année de la France en Chine. Il proposera aux spectateurs chinois un grand concert-spectacle. Cet événement à la scénographie spectaculaire mettra en œuvre des moyens technologiques de pointe et sera réalisé dans un esprit de collaboration étroite avec les artistes chinois.

Document V

Écoutez une (ou deux) fois le passage suivant, puis choisissez la bonne réponse:

Écoutez une Américaine qui parle de la musique:

—Le rock? C'est le rythme! Un rythme fait pour l'anglais. Le rock en anglais, c'est merveilleux. Par contre, le rock en français, pour moi, c'est ridicule! Le français ne se prête pas au rythme du rock. Le rap? C'est une musique noire. Ce sont les Noirs américains qui ont créé le rap. Moi, je trouve que le rock est plus rythmé que le rap. Bien sûr, dans le rap, il y a une cadence, mais en fait, le rap est plus chanté. Dans le rap, on parle sur la musique. Le rap, ça représente la solidarité des Noirs ou des jeunes contre la drogue, contre le racisme... Quand à la pop music, c'est amusant, mais ce n'est pas sérieux comme la musique! c'est pour rire, la musique pop, ça n'a aucune prétention!

Unité 10 La publicité

Document I

Écoutez une (ou deux) fois ces publicités, puis choisissez la bonne réponse:

Publicité 1

Une charmante voix dira le poids de l'usager. Elle saura même dire s'il a gagné ou perdu du poids depuis la dernière pesée. Eh oui! Sa mémoire peut enregistrer le poids de six différentes personnes.

Publicité 2

N'est-ce pas merveilleux? Son écran couleur n'a que 23cm et vous pouvez l'emporter partout avec vous pour voir vos émissions favorites: dans le jardin, au parc, à la plage et même en auto.

Publicité 3

Un circuit en Thailande, du nord au sud du pays, 10 jours 9 nuits, hébergement en hôtel première catégorie avec pension complète pour 1149,47 euros.

Publicité 4

C'est le grand festival. Jusqu'au 14 octobre le réseau Peugeot-Talbot fête les cent ans de l'automobile française. Un festival de nouveaux modèles, un festival de séries spéciales très intéressantes, un festival d'offres de financement exceptionnelles sur véhicules neufs et d'occasion. Et en plus un festival de cadeaux à gagner: Douze 205 trois portes.

—Branché!

—Des dizaines de voyages pour deux et des milliers d'autres cadeaux. Onze jours d'affaires exceptionnelles dans tout le réseau Peugeot-Talbot.

Publicité 5

Un, le nouvel Altor Vitres à la main; deux, ça sent bon, ça nettoie bien; un, nettoyez; deux, respirez; un, ça va vite; deux, y a pas mieux.

La fraîcheur d'Altor Vitres, c'est unique, c'est tonique. C'est bien plus agréable de nettoyer parfaitement les vitres.

Un, des vitres pleines de soleil; deux, dans la joie et la bonne odeur; Altor Vitres, formule fraîcheur.

Donnez de l'éclat à votre vitre, dans la joie et la bonne odeur. Nouvel Altor Vitres, vous sentirez la différence.

Document II

Écoutez deux fois ce passage, puis choisissez la bonne réponse:

Pour en savoir plus sur le monde de la publicité, nous avons intérrogé un publicitaire célèbre.

—La pub est partout: dans la rue, dans le métro, à la télé... mais comment prépare-t-on une campagne de publicité? Quelles sont les étapes?

—Avant de parler les étapes, il faut rappeler que, dans toute campagne, il y a trois groupes d'acteurs en jeu: l'annonceur, qui est le client, celui qui veut vendre un produit; l'agence de publicité, qui prend en charge l'ensemble de la campagne; les supports, c'est à dire la presse écrite, la radio, les affiches, qui diffusent le message.

—L'annonceur a-t-il un rôle important dans la campagne, en dehors du financement, bien sûr?

—Évidemment. C'est lui qui choisit les objets. Le plus souvent, c'est l'agence qui les lui propose. C'est la première étape. Il s'agit de bien apprendre à connaître le produit à vendre, de lui donner une certaine image, et de définir le public, c'est à dire ceux qui vont acheter le produit. Dans un deuxième temps, il faut trouver un thème de campagne montrant que le produit à vendre est le plus original, le meilleur, etc.

—Et c'est là que les créatifs interviennent?

—Exactement. Mais attention, l'équipe qui crée l'annonce doit nous la soumettre en moins de deux semaines!

Document III

Écoutez deux fois ces documents, puis indiquez vrai ou faux.

—Monsieur, il y a quelques jours, j'ai reçu une publicité du supermarché de mon quartier, et j'y suis allée, mais je n'ai pas trouvé le café pour 4,88 euros les quatre paquets ni le pantalon en coton pour 20 euros, tous sont partis! Je croyais qu'un commerçant était obligé de vendre tout ce qui était affiché. Est-ce de la publicité mensongère?

—Madame, une publicité a pour objectif d'informer les clients. Or, ce magasin peut être poursuivi car une loi interdit à un commerçant d'annoncer des réductions de prix sur des articles qui ne sont plus disponibles à la vente. De plus, un commerçant qui vend des produits à des prix supérieurs à ceux affichés est coupable de publicité mensongère. Vous pouvez donc porter plainte contre ce magasin.

Document IV

Une trentaine de personnes ayant participé jeudi après-midi à l'opération anti-publicité dans le métro parisien ont été interpellées pour 《vérification d'identité》 à la sortie d'une station, a-t-on appris de source policière et auprès d'un organisateur.

Les personnes concernées devraient être remises en liberté à l'issue de ce contrôle, a ajouté la source policière.

Ces participants à l'opération anti-publicité accueillis par les forces de l'ordre ont bombé les affiches publicitaires du métro de slogans du type 《la pub nuit à votre santé》.

Unité 11   Le sport

Document I

Écoutez deux fois le passage suivant, puis choisissez la bonne réponse:
—Êtes-vous sportif?
Personne A
—Le sport je n'en fais pas beaucoup, un peu de tennis pendant les vacances, et un peu de ski en hiver, j'en fait surtout avec ma femme. Avec le sport, on reste jeune plus longtemps. À part ça, je regarde aussi les matchs à la télé.
Personne B
—C'est agréable le V. T. T. (le vélo tout terrain), en pleine nature et en forêt aussi. Je fais du vélo tous les samedis avec des amis du bicyclub de France. C'est pour le plaisir et aussi pour la santé.
Personne C
—Non, je ne fais pas beaucoup de sport. Je sais que le sport est très important, mais à mon âge, c'est un peu fatigant. J'ai un petit-fils qui aime faire du vélo. Quand il vient me voir, on fait du vélo ensemble, c'est très agréable. Ça me fait tellement plaisir.
Personne D
—J'aime le sport. C'est bon pour la santé. Mais je ne suis pas sportive, parce que je travaille tout le temps. Mais pendant le week-end, ou quelquefois le soir, je fais une demi-heure de jogging, je cours un peu, ça me détend. Plus tard, je ferai du sport tous les jours, mais pas maintenant.

Document II

Écoutez deux fois le passage suivant, puis choisissez la bonne réponse:
La grande aventure du 《Dakar》
Cette course à travers le désert créée par Thierry Sabine et qui dure vingt jours, a eu

Annexe 1 Transcription enregistrements

lieu pour la première fois en 1978. Pour faire ce rallye, il faut aimer l'aventure et les déserts africains mais aussi être en bonne forme physique. Les coureurs sont en voiture ou à moto et traversent l'Algérie, le Niger, le Mali et le Sénégal. Ils font au total 10,000 kilomètres. Le parcours de la course change chaque année; par exemple, en 1992, l'arrivée s'est faite au Cap, en Afrique du Sud. En 1994, la course a traversé la Guinée, un pays qui était fermé aux étrangers depuis plusieurs années.

Ce rallye est si dure que tous les coureurs n'arrivent pas à Dakar. En 1995, 100 coureurs sur 486 y sont arrivés et depuis sa création jusqu'en 2005, il y a 22 concurrents qui ont trouvé la mort sur le rallye.

En 1986, l'avion de Thierry Sabine s'est écrasé dans le désert. L'inventeur du Dakar, le chanteur Daniel Balavoine et trois autres passagers ont disparu dans cette Afrique qu'ils aimaient tant.

Document III

Écoutez deux fois le passage suivant, puis choisissez la bonne réponse:

Les 24 heures du Mans

Cette année, les 24 heures du Mans se courent en mai.

C'est une des plus grandes courses automobiles internationales. Le circuit fait exactement 13 kilomètres 416. La voiture gagnante de l'épreuve est celle qui parcourt le plus de kilomètres en 24 heures.

Le record des 24 heures est d'environ 5000 kilomètres, parcourus à la vitesse moyenne de 210 kilomètres à l'heure.

Document IV

Écoutez deux fois le passage suivant, puis indiquez vrai ou faux:

Voici quelques informations concernant les événements sportifs qui auront lieu dans notre ville d'Angers au cours du mois d'avril.

Le samedi 3 avril, notre équipe de basket affrontera les joueurs de Dijon pour le championnat.

Le mardi 6 avril et jusqu'au samedi suivant, les championnats de tennis de table femme se dérouleront au Stade.

Le samedi 10 avril, ce sont les footballeurs qui disputeront un match contre l'équipe de Laval, pour le championnat de France de football amateur.

Notre équipe de volleyball rencontrera en quart de finale les joueurs de Rennes. Cette rencontre aura lieu le 17 avril.

Les cours gratuits de tennis reprendront le 17 avril. Ils auront lieu chaque samedi matin jusqu'en octobre.

Comme chaque année, une grande course à pied sera organisée le premier dimanche du mois de mai. Cette année, elle aura lieu le 2. Les personnes qui veulent participer à cette course sont invités à s'inscrire au palais des sports avant la fin du mois.

Document V

Écoutez deux fois le passage suivant, puis indiquez vrai ou faux :

Résultats sportifs

Natation : la Française Maria Metella a remporté le 100 mètres nage libre au championnat d'Europe en petit bassin, dimanche à Vienne en 53,37 secondes.

Ski : Ce dimanche à Val di Fiemme, l'équipe de France s'est classée troisième du relais 4X10 KM. La victoire est revenue à la Norvège.

Football : Voici les premiers résultats concernant la coupe de France de football pour les huitièmes de finale. L'équipe de Lyon a gagné contre Lille par 1 à 0. Dans la rencontre Bordeaux-Nantes, c'est l'équipe de Bordeaux qui a remporté la victoire par 2 à 1. Strabourg qui n'a pas marqué de but a perdu contre Marseille (1-0). La suite des résultats vous sera communiquée après une page de publicité...

Unité 12 Accidents et catastrophes

Document I

Écoutez une (ou deux) fois le passage suivant, puis choisissez la bonne réponse :

Triste départ en vacances pour une famille de Lyonnais. Alors qu'ils se trouvaient sur l'autoroute A9, à la hauteur de Valence, le conducteur, pour une raison inconnue, a perdu le contrôle de son véhicule. Les deux parents sont grièvement blessés ainsi qu'un des enfants. La seconde, âgée de 5 ans, est décédée lors de son transfert à l'hôpital.

Document II

Écoutez une (ou deux) fois le passage suivant, puis choisissez la bonne réponse :

Hier soir, vers 19 heures dans le tunnel de Londres, un camion français qui transportait des téléviseurs a pris feu pour une raison inconnue, puis il a explosé. Tout d'un coup une épaisse fumée noire a empêché la progression des pompiers. Une dizaine de pompiers et employés du tunnel sont restés bloqués dans des refuges. Sept employés ont été secourus, trois sont morts et une quinzaine de personnes sont gravement blessées. La circulation est interrompue jusqu'à 8 heures, ce matin.

Document III

Écoutez une (ou deux) fois le passage suivant, puis choisissez la bonne réponse :

Dans la nuit du 23 décembre il y a eu trois accidents de voiture en une demi-heure sur l'autoroute A 7, située à une dizaine de kilomètres au sud de Lyon. Tout d'abord, vers 22h, six personnes ont été victimes d'un accident. L'une d'elles est décédée à l'hôpital.

Quelques minutes plus tard, deux automobilistes ont été légèrement blessés dans un

Annexe 1 Transcription enregistrements

autre accident. Et vers 22h30, six véhicules se heurtèrent ensuite, cinq personnes, dont deux enfants, ont été hospitalisées.

Document IV

Écoutez deux fois le passage suivant, puis choisissez la bonne réponse:

Il n'y a aucun survivant dans l'écrasement d'avion en Nouvelle-Écosse.

La gendarmerie royale du Canada confirme le 14 octobre 2004 qu'il n'y a aucun survivant parmi les sept membres d'équipage de l'avion cargo de la compagnie britannique MK Airlines. L'avion s'est écrasé peu avant quatre heures ce matin, heure locale, au bout d'une piste de l'aéroport international de Halifax.

Des équipes d'urgence sont sur les lieux de l'accident, dont les causes ne sont pas encore expliquées.

L'avion était chargé de tondeuses à gazon et de fruits de mer, à destination de l'Espagne. Au moment de l'accident, le ciel de Halifax était nuageux, mais la visibilité semblait normale.

MK Airlines, qui existe depuis une vingtaine d'année, affirme n'avoir subi qu'un autre écrasement dans son histoire, soit au Nigeria, il y a trois ans, dans des circonstances totalement différentes. Les voyageurs nord-américains qui doivent se rendre à Halifax sont invités à se renseigner avant leur départ, car des retards sont probables.

Document V

Écoutez deux fois la conversation suivante, puis indiquez vrai ou faux:

Journaliste: Nous avons invité Pascal Lemercier, assureur, pour nous parler du phénomène des accidents de voitures et les causes.

Pascal Lemercier: Les principales causes des accidents sont humaines. Parmi les accidents de voitures seulement 2% seraient dus à des problèmes mécaniques. Mais la vitesse est toujours la cause numéro un des accidents graves. Pour certains conducteurs dont les jeunes, c'est qu'ils ne respectent pas les limitation de vitesse. Suivie ensuite par la fatigue et l'alcool pour la cause de mortalité.

J: Pourriez-vous nous parler en particulier des accidents des deux roues?

P. L: C'est aussi un problème douloureux. Les victimes sont souvent les adolescents, puisqu'ils ne prennent pas une vespa, un vélomoteur, une moto pour des moyens de transport. Ils les considèrent comme des objets qui leur permettent de s'affirmer dans la société. Le problème le plus grave pour ces adolescents, c'est que les limitations de vitesse et la prudence ne sont pas suffisamment respectées. Sachez que, depuis 2002, le nombre d'accidents a encore augmenté.

J: Y a-t-il des solutions d'après vous pour diminuer le nombre d'accidents?

P. L: Une meilleure prévention, informer, contrôler et aussi punir si c'est nécessaire.

Unité 13   Les fêtes

Document I

Écoutez deux fois le passage suivant, puis choisissez la bonne réponse:

Comment faites-vous la fête?

Personne A

Chez moi, faire la fête devient une fête de famille. On a souvent plein d'invités à la maison ou dans le jardin. Or, pour moi, c'est un bon moment pour bien manger, car on a toujours des plats délicieux.

Personne B

Pour moi, faire la fête, c'est plutôt sortir au lieu de rester à la maison. Avec les copains, on s'amuse, on parle et on fait les fous. On oublie pour l'instant les cours, les devoirs et on se couche tard. Les parents ne nous surveillent pas. On est vraiment libre.

Personne C

Faire la fête, c'est d'abord la préparation: chercher un joli vêtement; la jupe ou la robe qui sera bien pour la fête. Puis on se maquille. En arrivant à la fête, on se dit qu'on est belle et jeune. Je suis contente d'être regardée et remarquée.

Personne D

L'idée de faire la fête pour moi, c'est de sortir, je n'aime pas rester à la maison pour faire la fête. Soit à un cocktail, soit à la discothèque, on peut danser toute la nuit et on y trouve toujours des amis sympathiques. Ça me détend, j'adore ça.

Personne E

Il me semble que beaucoup de Français ne savent plus comment faire la fête. Ils font souvent du bruit et ils boivent trop. Alors pour moi, je préfère écouter la musique classique et regarder les danses d'autrefois. Sinon, il n'y aurait plus de fêtes pour moi.

Personne F

Moi, j'aime bien faire la fête à la maison. La fête pour moi, c'est un énorme repas avec plusieurs plats délicieux, il y a beaucoup de vin bien sûr, j'aime manger, très souvent je mange plus que d'habitude.

Document II

Écoutez deux fois le passage suivant, puis choisissez la bonne réponse:

Les fêtes en France

La plupart des fêtes en France sont d'origine religieuse, parce que la France est un pays de tradition catholique, où les cérémonies religieuses ont eu une grande importance dans la vie sociale.

Certaines fêtes d'origine catholique, bien qu'elles aient en grande partie perdu leur caractère religieux, sont devenues des jours de congé légal. Ils permettent à la plupart des

Français, comme les autres jours fériés, de «prolonger» les week-ends. Et ils leur permettent même de «faire le pont», à condition que le jour férié tombe un mardi ou un jeudi. Dans ce cas, en effet, il est rare qu'on travaille le lundi, ou le vendredi, selon les cas. Ces fêtes religieuses sont les suivantes:

Pâques, l'Ascension, la Pentecôte, l'Assomption (le 15 août), la Toussaint (le 1er novembre) et enfin Noël.

Noël est certainement la fête familiale à laquelle les Français restent le plus attachés. C'est l'occasion d'offrir des cadeaux à sa famille et à ses amis. Avec la «société de consommation», ces cadeaux sont de plus en plus nombreux et de plus en plus coûteux. Incités par la publicité, des foules de gens remplissent les magasins qui font en cette saison les plus grandes ventes de l'année.

Document III

Écoutez deux fois le passage suivant, puis indiquez vrai ou faux:

Depuis quand met-on du sel sur les brosses à dents, ou colle-t-on du chewing-gum sur les peignes? Plusieurs thèses s'opposent. On pense que le poisson d'avril est né il y a près de cinq cents ans, c'est pour commémorer la décision du roi Charles IX de faire commencer l'année au 1er janvier au lieu du 1er avril. Le poisson était un moyen de continuer à célébrer ce passage.

Mais certains vous diront que la coutume du poisson d'avril est liée à la fermeture de la pêche à moins que ce ne soit l'ouverture...

Il fut un temps où, pour s'amuser des pêcheurs d'eau douce privés de poissons, on leur donnait des harengs!

Depuis, tous les prétextes sont bons pour les farceurs, et de la Belgique à la Suisse en passant par les pays Anglo-Saxons, c'est le jour où l'on mesure l'humour de chaque nation.

Mais les blagues évoluent. Aujourd'hui, les faux messages sur les répondeurs ou les téléphones portables ont pris le relais des plaisanteries traditionelles. Seul obstacle aux «poissons d'avril», la date.

Comme c'est au travail que la tradition est la plus vive, lorsque le 1er avril tombe quelquefois un samedi ou un dimanche, comme c'était le cas en 2000 et en 2001, on pense moins à faire des blagues.

Unité 14 La météo et le climat

Document I

Écoutez deux fois le passage suivant, puis choisissez la bonne réponse:

Pour aujourd'hui attention aux brouillards. On ne sait jamais, dans certaines vallées ils peuvent encore persister, mais ils vont disparaître pour laisser place au soleil. Peut-être y aura-t-il un peu plus de nuages au nord de la Seine, mais enfin ça n'est pas grand chose. C'est donc du beau temps dans l'ensemble. Pour demain, ça va changer. Nous aurons des nuages qui vont arriver, puis nous repartirons pour une période anti-cyclonique, de nouveau du beau temps d'ici deux ou trois jours. Les températures quand à elles sont en légère hausse par rapport à hier, elles vont encore monter demain. Cela est dû à l'arrivée d'air plus doux, plus humide, venu de la mer. Mais pour le moment, de 11 à 16 degrés sur la moitié nord, et de 12 à 20 degrés sur la moitié sud. C'est exactement la même chose depuis trois jours.

Document II

Écoutez deux fois la conversation suivante, puis choisissez la bonne réponse:

A: Il paraît que l'émission la plus regardée à la télé, c'est la météo!

B: Je sais, et c'est normal. Tout le monde veut savoir le temps qu'il fera le lendemain. D'ailleurs, la publicité l'a bien compris. Une semaine, le bulletin météo est sponsorisé par une banque, la semaine d'après par un magasin...

A: C'est vrai, mais la météo, à la télé, ce n'est pas tellement le temps qu'il va faire, c'est plus l'occasion de proposer quelques instant de détente aux téléspectateurs.

B: Tout à fait... Ça met de bonne humeur pour la soirée: après une journée de bureau, ce n'est pas désagréable.

A: Bien sûr, mais ce n'est pas ce qu'on attend d'elle!

B: Je trouve que si, justement. Le temps de toute façon, on ne va pas le changer, et les prévisions ne sont pas très exactes. Alors...

A: Tu as peut-être raison. Mais moi, le spectacle, je m'en moque. Je veux savoir le temps qu'il fera, pour aller à la pêche ou faire de la randonnée...

B: Evidemment, si la météo t'intéresse vraiment, ce n'est pas la télé qu'il faut regarder!

A: Là, tu es d'accord avec moi!

B: Tu peux toujours consulter un service officiel, sur Internet, par exemple.

Document III

Écoutez deux fois le passage suivant, puis choisissez la bonne réponse:

Quand on observe le climat, le niveau de la mer ou la concentration de carbone dans l'air, il faut des dizaines d'années, parfois même plus, pour remarquer des changements significatifs. Les décisions que nous prenons aujourd'hui auront encore des conséquences dans plusieurs siècles. Mais quel homme politique est prêt à penser à un avenir aussi lointain quand on sait que les élections ont lieu tous les cinq ans?

Pourtant, les faits sont là et les effets sont déjà perceptibles. Les catastrophes naturelles se multiplient. En dix ans, les experts ont compté plus de 500 accidents et catastrophes terrestres causés par le réchauffement planétaire. Des poissons meurent dans

Annexe 1 Transcription enregistrements

l'océan Indien, les grandes forêts brûlent. Selon les experts, à moyen terme, dans les cinquante prochaines années, le niveau des mers montera de 50 centimètres. Dans certaines régions de montagne, la durée d'enneigement baissera de près de 30% et les stations de sports d'hiver devront fermer. Les conséquences économiques seront catastrophiques!

À long terme, si rien n'est fait, le niveau des mers augmentera de 3 ou 4 mètres avec la fonte des glaces du pôle Nord et du pôle Sud. Des pays entiers disparaîtront. Les catastrophes naturelles se multiplieront...

Document IV
Écoutez deux fois le passage suivant, puis indiquez vrai ou faux:

Aujourd'hui, sur le tiers sud-est du pays, un temps mitigé avec beaucoup de nuages se déplaçant vers le sud-est. Donc des pluies localement fortes et possiblement des orages, mais ça s'améliorera dimanche. Sur le reste du pays, les deux tiers nord-ouest, des brumes et des brouillards le matin, vous avez déjà l'habitude. Et l'après-midi, c'est du beau temps. Mais les températures, elles, elles baissent nettement. Elles vont de 11 à 20 degrés demain. Baisse sensible de 2, 3 ou 4 degrés selon les régions.

Unité 15 Révision

Document I
Écoutez une (ou deux) fois les deux messages suivants, puis choisissez la bonne réponse:
Message 1
Le Tour de France, départ cet après-midi à 15 h à Fontenay-sous-bois. Ce sera plus exactement le prologue contre la montre. Cent quarante coureurs, vingt-deux étapes sur 3800 kilomètres avec une arrivée bien sûr sur les Champs-Elysées le 24 juillet.
Message 2
Le joueur ukrainien du Milan AC, Andreï Shevchenko a été désigné Ballon d'or France Football 2004, devant deux joueurs du FC Barcelone, le Portugais Deco et le Brésilien Ronaldinho, a révélé lundi le bi-hebdomadaire France Football. Shevchenko, 28 ans, distingué pour la 1ère fois, est le 3e joueur ukrainien à recevoir le Ballon d'or France Football. Avec 175 points, Shevchenko dépasse Deco qui a obtenu 139 points et Ronaldinho, 133 points.

Document II
Écoutez une (ou deux) fois ce passage, puis choisissez la bonne réponse:
Une famille de canards cause l'accident!
Des canards qui voulaient traverser l'autoroute A6 ont causé un grave accident. Des automobilistes se sont arrêtés pour les regarder alors que des voitures arrivaient.

L'accident a causé d'importants dégâts mais, heureusement il n'y pas eu de victimes... sauf les canards! Ils ont été écrasés au moment où ils allaient atteindre l'autre côté de l'autoroute.

Document III
Écoutez une (ou deux) fois ce dialogue, puis choisissez la bonne réponse:
Caissier: 58, 76 euros. Vous payez par chèque ou en espèces?
Cliente: En traveller's chèque.
Caissier: Vous avez une pièce d'identité?
Cliente: Oui, j'ai ma carte de séjour.
Caissier: Non, Madame, ce n'est pas valable, il me faut votre passeport.
Cliente: Le voilà, mon passeport.
Caissier: Je regrette Madame, il est périmé. Regardez! 《Expire le 31 octobre 2003》, et nous sommes le 15 novembre, je ne peux pas accepter.
Cliente: Mais Monsieur, tournez la page, vous verrez qu'il est prolongé jusqu'au 31 octobre 2008.
Caissier: Ah, oui, vous avez raison, excusez-moi.

Document IV
Écoutez deux fois ce passage, puis choisissez la bonne réponse:
Ce week-end, dans la nuit de samedi à dimanche, soir de pleine Lune, si votre regard s'attarde dans les cieux vous pourrez bénéficier d'un spectacle exceptionnel. En effet une éclipse totale de Lune sera visible de l'Europe, de l'Afrique et de l'est de l'Amérique.

Cette deuxième éclipse de l'année aura comme particularité d'être courte, moins de 22 minutes, et d'être claire.

Selon les experts, la France jouira d'une vue exceptionnelle sur le phénomène avec de trés bonnes conditions météorologiques. C'est à 02h18 que l'éclipse de Lune sera totale.

Document V
Écoutez une (ou deux) fois ce passage, puis choisissez la bonne réponse:
Plusieurs centaines d'étudiants et de lycéens ont fêté, hier, Mardi gras à leur façon. Ils ont lancé des œufs et de la farine en tous sens. Les plus visés étaient les automobilistes. Écoutons M. Leblanc, un représentant de commerce âgé de 50 ans: 《Je me rends à mon travail, vers 13 heures, la rue de Rennes est bouchée par la foule. Les jeunes ouvrent la portière de ma voiture, je suis couvert de farine et d'œufs. Mes vêtements sont souillés, hors d'usage. Je n'aime pas ce genre d'humour.》

Document VI

Écoutez deux fois ce passage et indiquez vrai ou faux:

Adrien, Sabina et Philippe se racontent leurs vacances. Écoutez-les.

—Moi, j'avais envie d'aller n'importe où à l'aventure. Les copains me disaient: « Adrien, viens avec nous, on va en Grèce pour quinze jours, début août. » Je suis parti avec eux, on était quatre, tous avec nos motos. On dormait dans des campings. Un soir, au camping, on a rencontré des amis du lycée! Bref, ça nous a pris une semaine pour y aller et une semaine pour revenir. On n'a pas beaucoup vu la Grèce, mais on a vu du paysage sur la route!

—Eh bien moi, ma mère m'a dit: « Sabina, tu es assez grande pour prendre tes vacances toute seule maintenant. » Mes parents sont partis de leur côté, en amoureux, et moi, je suis partie au Maroc, avec mon amie Mina, toutes les deux dans ma vieille voiture. On a dormi tous les soirs dans des hôtels magnifiques. Devinez qui on a rencontré dans un de ces hôtels? Mes parents!

—Moi, je suis allé tout seul en Corse, comme d'habitude, pendant deux mois. J'y suis arrivé début juillet, en bateau, et je viens de rentrer, en avion. Je n'ai rien fait de spécial, à part rester chez moi et de temps en temps aller à la plage ou au restaurant. Un jour, j'étais tranquillement à la plage, en train de bronzer, et j'ai vu arriver mon ex-femme, avec son nouveau mari. Drôle de surprise!

Corrigés

Unité 1 1. A. 2. B. 3. A. 4. C. 5. C. 6. B. 7. A. 8. C. 9. A. 10. B. 11. A. 12. B. 13. C. 14. B. 15. C. 16. F. 17. V. 18. V. 19. V. 20. F. 21. V. 22. V. 23. V. 24. F.

V = vrai   F = faux

Unité 2 1. A. 2. C. 3. B. 4. A. 5. B. 6. C. 7. A. 8. B. 9. B. 10. A. 11. C. 12. B. 13. A. 14. V. 15. V. 16. F. 17. F. 18. F. 19. V. 20. F. 21. F.

Unité 3 1. A. 2. C. 3. B. 4. A. 5. C. 6. A. 7. B. 8. C. 9. A. 10. B. 11. A. 12. C. 13. B. 14. B. 15. V. 16. V. 17. F. 18. F. 19. F. 20. V.

Unité 4 1. A. 2. B. 3. B. 4. C. 5. A. 6. C. 7. B. 8. C. 9. A. 10. C. 11. B. 12. A. 13. C. 14. A. 15. C. 16. F. 17. F. 18. V. 19. V. 20. V.

Unité 5 1. B. 2. C. 3. B. 4. C. 5. A. 6. B. 7. C. 8. A. 9. B. 10. C. 11. B. 12. A. 13. B. 14. B. 15. A. 16. C. 17. V. 18. F. 19. V. 20. F.

Unité 6 1. B. 2. A. 3. C. 4. C. 5. B. 6. C. 7. A. 8. B. 9. C. 10. A. 11. B. 12. C. 13. A. 14. A. 15. V. 16. F. 17. V. 18. V. 19. F. 20. V. 21. F. 22. F.

Unité 7 1. C. 2. A. 3. B. 4. C. 5. C. 6. A. 7. C. 8. B. 9. C. 10. C. 11. A. 12. C. 13. A. 14. B. 15. B. 16. C. 17. V. 18. F. 19. F. 20. V. 21. V. 22. F.

Unité 8 1. B. 2. C. 3. C. 4. C. 5. A. 6. A. 7. B. 8. C. 9. C. 10. C. 11. C. 12. C. 13. B. 14. B. 15. F. 16. V. 17. F. 18. F. 19. F. 20. V. 21. F. 22. F. 23. V.

Unité 9 1. A. 2. B. 3. C. 4. C. 5. C. 6. C. 7. A. 8. B. 9. C. 10. C. 11. B. 12. C. 13. B. 14. B. 15. C. 16. C. 17. V. 18. F. 19. V. 20. F. 21. V.

Unité 10 1. C. 2. B. 3. C. 4. C. 5. B. 6. C. 7. B. 8. B. 9. C. 10. C. 11. B. 12. B. 13. A. 14. A. 15. F. 16. F. 17. V. 18. F. 19. V. 20. F. 21. V. 22. V.

Unité 11 1. A. 2. C. 3. B. 4. A. 5. C. 6. C. 7. C. 8. B. 9. A. 10. A. 11. C. 12. B. 13. C. 14. B. 15. C. 16. F. 17. V. 18. F. 19. F. 20. F. 21. V. 22. V. 23. F. 24. V. 25. F.

Unité 12 1. A. 2. B. 3. C 4. C 5. A 6. B. 7. B. 8. A 9. C. 10. A. 11. A. 12. B. 13. B. 14. C. 15. B. 16. F. 17. V. 18. V. 19. F. 20. F. 21. V. 22. F.

Unité 13 1. C. 2. B. 3. A. 4. B. 5. C. 6. C. 7. A. 8. C. 9. B. 10. A. 11. B. 12. A. 13. B. 14. C. 15. F. 16. V. 17. V. 18. F. 19. F. 20. F. 21. V. 22. F.

Unité 14 1. C. 2. C. 3. B. 4. A. 5. A. 6. C. 7. B. 8. C. 9. A. 10. C. 11. B. 12. B. 13. C. 14. A. 15. C. 16. F. 17. F. 18. F. 19. V. 20. F.

Unité 15 1. A. 2. A. 3. C. 4. A. 5. B. 6. C. 7. B. 8. A. 9. B. 10. B. 11. C. 12. C. 13. A. 14. A. 15. B. 16. F. 17. V. 18. V. 19. V. 20. V. 21. V. 22. V. 23. V. 24. V.